CÓMO DESARROLLAR EL OÍDO MUSICAL

Joan Maria Martí

CÓMO DESARROLLAR EL OÍDO MUSICAL

MA
NON
TROPPO

© 2017, Joan Maria Martí

© 2017, Redbook Ediciones, s. l., Barcelona

Diseño de cubierta: Regina Richling

Diseño de interior: Amanda Martínez

ISBN: 978-84-946504-2-0

Depósito legal: B-661-2017

Impreso por Sagrafic, Plaza Urquinaona 14, 7º-3ª 08010 Barcelona

Impreso en España - *Printed in Spain*

Quisiera agradecer a todos aquellos que me han hecho disfrutar de la música: a mi grupo de amigos y amigas, con los que tantos fines de semana he ido a bailar a discotecas y salas de moda, y también a conciertos, ya que me enseñaron a vivirla; a los profesores de música que me enseñaron a degustarla y a crearla. A mi familia y a Duna y Orelleta, mis dos gatas, que han sufrido y resistido largas horas de estudio de instrumento. A Martí Pallàs y Manel Martínez de Redbook Ediciones, por confiar de nuevo en mí para escribir este nuevo libro con el que he vuelto a escuchar la música que me hace sentir vivo y que me llena de recuerdos.

A Fanny, por estar siempre a mi lado acompañándome en el viaje musical que es la vida.

ÍNDICE

INTRODUCCIÓN

Cuántas veces hemos dicho o hemos oído frases del tipo: «es que yo no entiendo de música», «no me gusta porque…no sé… no tengo ni idea…», «no he estudiado música», en las clases, en conciertos o en audiciones musicales. Seguro que muchas veces. Además, estas expresiones no tienen por qué estar referidas solamente al ámbito de la música clásica o al jazz, sino que también pueden escucharse en ocasiones hacia cierta música rock o la música electrónica, por no hablar de la música dodecafónica, aleatoria, contemporánea o electroacústica.

En otras ocasiones, de tanto en cuanto, escuchamos expresiones del tipo «Esta música suena a Bach», «Tiene la sonoridad de Haendel», «Me recuerda a "Hey Jude"»; «Sigue la técnica de Slash»… No se trata de ir de resabidos por la vida, sino que existen unas ciertas connotaciones ya sean técnicas, compositivas o acústicas que nos ayudan a reconocer o a identificar un género musical, una época, un compositor o a un intérprete. La práctica en la escucha es el elemento que facilita este conocimiento.

La práctica de la educación del oído musical es una tarea que debemos abordar desde la escucha consciente, sabiendo qué es lo que debemos escuchar en cada ocasión: Timbres, formas, estructuras, motivos rítmicos, respiraciones, chasquidos, inflexiones, *quejíos*… todo ello puede ser objeto de nuestra capacidad de audición, y esta se agudiza cada vez más según sea el tiempo y la práctica que le destinamos.

El tiempo dedicado a la audición en la enseñanza musical ha ido incrementando con el paso del tiempo. Desde la docencia, podemos empezar a trabajar partiendo del resultado final de notas y ritmos, la canción y los instrumentos, todo desde la audición. Empleando la palabra de moda, sería una deconstrucción, pasando de lo que escuchamos, a estudiar todas las partes que lo forman. Así, si empezamos por la canción o una pieza instrumental y desgranamos todo su contenido e investigamos qué contiene esta música, trabajaremos el ritmo, las notas, las dinámicas, las intensidades, los compases, el tempo, la pulsación, los instrumentos, de qué formación se trata, qué estilo... solamente centrándonos y pesando qué, quien o quienes producen estos sonidos y como son estos: su altura, su duración, su dinámica... pero sin olvidar que forman parte de un conjunto que se llama música, y que ésta fue compuesta y creada con unos objetivos: para entretener, para orar, para bailar, para acompañar rituales, para relajar... y que toda la música, de cualquier época está formada con esta concepción que la lleva a cumplir unos objetivos. La música dance, por ejemplo, nos invita a bailar y está compuesta por unas estructuras y unas melodías que podemos dividir en frases, del mismo modo que la música de las bandas sonoras, que crean el ambiente necesario en una película, siendo tan importantes como los diálogos o la fotografía, o una ópera que nos explica con su música y libreto una historia que podremos dividir en sus partes musicales.

La práctica y el tiempo dedicado a la escucha nos hace capaces de reconocer a nuestro grupo preferido ya sea por la voz del cantante, pero también por la manera de tocar y el tipo de composición de su música. Con la adquisición de ésta práctica, un fan de los *Beatles* puede reconocer una pieza suya aunque nunca la haya escuchado antes. Es más, puede discernir en otros grupos y cantantes las influencias de los *Beatles*, ya sea en la línea melódica, la secuencia de los acordes, en los tipos de acompañamiento, en los coros o en la manera de cantar del solista. Así, un grupo español, por ejemplo, puede sonar como los *Beatles* y haberse creado hace pocos meses.

Si nos fijamos en las apreciaciones de los miembros del jurado de los *talent show* televisivos en los que participan cantantes, veremos que muchas veces hacen referencia a que el concursante se ha parecido a tal o cual cantante, y eso se debe a que imita sus inflexiones de la voz, su forma de cantar, sus movimientos o incluso el timbre particular de su voz. Ello sucede porque el concursante en cuestión ha cantado tantas veces escuchando a este cantante que ha interiorizado su técnica y sus características interpretativas. Hay otros concursos en lo que se busca exactamente lo contrario, en los cuales el concursante debe intentar parecerse al máximo al cantante representado, lo que exige una gran capacidad interpretativa tanto musical como escénicamente.

Lo mismo sucede con los compositores. En el caso que fuera un fan de un compositor determinado, reconocería sus patrones compositivos en obras tanto suyas como de otros, ya que, como habría escuchado su música tantísimas veces, sería capaz de reconocerla.

Todo ello es debido al entrenamiento auditivo con la práctica de una escucha consciente que nos permite desarrollar nuestra capacidad auditiva en el sentido que nos permite reconocer y distinguir un sonido de otro, un patrón rítmico de otro o un timbre sonoro de otro.

Con la práctica de la audición podemos entender mejor una determinada música, lo que nos permitirá poder disfrutarla más, si este es nuestro deseo. Cada conjunto, agrupación, época y estilo tiene unas características particulares que son representativas, las cuales vamos a trabajar en este libro. Con la práctica de las audiciones propuestas, junto con la realización de ejercicios, cada uno de ellos destinados a un fin concreto, podrás desarrollar la capacidad auditiva en el sentido musical.

Posteriormente cada uno elegirá su propio camino hacia sus gustos particulares, pero con una base musical que le permitirá emprender dicho camino, a la vez que podrá transportar y adaptar las audiciones y los ejercicios propuestos al tipo de música que le sea más afín.

Cómo funciona este libro

El libro que tienes en tus manos es completamente práctico, con tablas de audiciones y ejercicios para trabajar tu oído musical. No es un libro-guía de audiciones solamente, sino que tendrás que escuchar, pero también observar, pensar, relacionar y, sobre todo, ejercitar tu oído según las pautas y las propuestas facilitadas.

En el libro encontrarás una serie de símbolos que te indicarán qué tipo de ejercicio vamos a realizar:

🔊	Encontrarás este símbolo siempre delante de una tabla de audición. Ello significa que deberás escuchar la música con atención y aplicando y/o reflexionando sobre lo que se indique.
⚠	Este símbolo indica que se trata de un ejercicio práctico en el que tocará hacer determinadas actividades.
⚠	El triángulo de atención contiene una opinión o un consejo personal que pueden ayudarte en el trabajo de la educación auditiva.
💡	Presenta ideas externas a la audición pero que podrás aplicar o realizar para mejorar.

Podrás ver que el libro no contiene ningún cd con audiciones. No es problema. Todas las piezas recomendadas las podrás encontrar en iTunes, Spotify o You Tube. Precisamente uno de los motivos por el cual no se incluye dicho cd es para que busques y escuches diferentes versiones de las piezas. También hay varios ejercicios en los que se recomienda trabajar con vídeos que contengan la partitura. Tal y como comento varias veces en el libro, no es necesario que sepas solfeo, sino que puedas observar la disposición de las notas, si son líneas ascendentes, descendentes, si suenan varias notas a la vez o solamente una…

En el caso de la grafía de los nombres de compositores o artistas, he empleado la que se indica en el *Diccionario de Musica Akal – Grove*, de Ed. Akal. Así aparecen George Frideric Haendel y no Handel o Georg Fiedrich Händel, o Jean-Baptiste Lully en lugar de Giovanni Battista Luli.

Los nombres en latín como, por ejemplo, Thomae Ludovici, en el caso de Tomás Luis de Victoria, los he escrito en castellano, ya que la firma en latín era un recurso literario más que un hecho práctico cotidiano.

En las últimas décadas hemos podido constatar un crecimiento notable de agrupaciones que realizan sus interpretaciones de manera historicista, con instrumentos de la época o copias de ellos, y en las que se aplican las técnicas musicales vigentes en los años en que fueron compuestas las obras musicales.

La pedagogía musical también ha ido abriendo sus puertas, poco a poco, a la educación musical historicista creando cursos y festivales con una larga trayectoria y, más recientemente, con la creación de departamentos de música antigua en escuelas de música, conservatorios y centros de educación superior. Las audiciones que te propongo en el libro siempre se refieren a interpretaciones historicistas en el caso de la música medieval, la música renacentista y la música barroca, ya que lo que nos interesa es aprender a poder reconocer auditivamente la música de un periodo, y las interpretaciones historicistas son una gran herramienta para ello, ya que muestran las técnicas de canto o de las articulaciones del arco, por ejemplo. Este tipo de interpretación diferenciada según los periodos es una buena herramienta a la hora de distinguir de qué época puede tratarse una composición musical.

Posteriormente tú decidirás qué tipo de interpretación es más afín con tus gustos, ya sea con interpretación historicista o con las técnicas e instrumentos actuales.

Así que, si estás preparado, emprendamos juntos este bello camino para sumergirnos en la audición y vivir la música desde dentro.

1

CÓMO FUNCIONA NUESTRO OÍDO

¿Cuántas veces hemos pensado que nuestro oído no es musical? ¿Cuántas veces nos lo han dicho? ¿Cuántas veces nos lo hemos creído?

Si bien es cierto que hay personas que tienen un oído musical más desarrollado, más rápido, más exacto que otras por naturaleza, ello no significa que no se pueda trabajar para mejorarlo. La práctica de la escucha consciente es el elemento clave, y saber qué y cómo escuchar es la forma de trabajo que nos va permitir el desarrollo de nuestro oído musical.

Aunque todos los seres humanos tenemos el sistema auditivo compuesto por los mismos elementos, hay condiciones físicas, culturales y actitudinales que motivan que uno tenga el oído más desarrollado, también en lo referente a la parte musical. Las condiciones físicas son las que se refieren a cómo funciona nuestro oído. Aunque todos tengamos los mismos elementos en nuestro órgano auditivo y estos funcionen de la misma manera, no todos *oímos* igual, ni lo mismo. De la misma manera, no todos *escuchamos* igual, ni lo mismo.

Nuestra cultura también es importante en nuestra educción auditiva. Nuestro sistema musical está basado en la música tonal, es decir, entre las diferentes notas hay una separación de un tono o un semitono. Podemos pensar en la música atonal, es decir sin tonalidad, pero esta también aplica la distancia en semitonos entre las diferentes notas. En cambio, hay culturas que utilizan otros sistemas y otras separaciones entre sus notas, por ejemplo, más pequeña que los semitonos como en el caso de la música india, con sus 22 notas, frente a las 12 de la escala occidental.

La actitud que tomemos frente a una música determinada también es un factor que nos hace tener un oído musical más desarrollado. Así, si rechazamos escuchar la música de otra cultura o una música perteneciente a la nuestra, pero de un estilo diferente al que más nos gusta, nos estaremos perdiendo muchas cosas. La primera, el descubrir nuevos sonidos que pueden sorprendernos. La segunda, aprender cosas nuevas de los demás, y así podríamos ir continuando.

Mira tus cd o la tracklist de tu reproductor musical y observa qué tipos de música tienes: antigua, rockera, tradicional, pop, disco… ¿Tienes de varios estilos o solamente de uno? Es lógico que tengas más cantidad del estilo y del músico/grupo que te sea más afín, pero es bueno conocer e investigar en otras músicas para romper estereotipos.

Lo primero que debemos pensar es que todos somos capaces de desarrollar nuestro oído musical a un nivel que nos permita disfrutar de lo que estamos escuchando, encontrar los tesoros que los músicos han escondido entre sus notas y ser capaces de hacer una crítica fundamentada de lo que hemos escuchado. No todos los tipos de música van a gustarnos, eso es evidente, pero sabremos el motivo: La versión de Tal o Cual es diferente y más afín a ti… este estilo en general no te va y prefieres algún otro, pero hay un par de temas que sí que te convencen... No te gusta la manera de tocar de esta orquesta o la forma de cantar de este solista, por este motivo o por aquel... Todas estas opciones son perfectamente buenas. Con la escucha consciente, podrás disfrutar y, a la vez, valorar aquello que escuchas bajo unos criterios, tus criterios.

Nuestro oído funciona de tal manera que consigue modificar unas ondas sonoras que se desplazan por el aire, en unos impulsos eléctricos que llegan hasta nuestro cerebro y se convierten en lo que llamamos sonido y, en el tema que nos ocupa, música. Nuestro cuerpo recibe las ondas en el oído externo, en el pabellón auricular, es decir, en la oreja. Estas ondas se desplazan a través del conducto auditivo externo hasta llegar a la membrana timpánica (tímpano). Aquí empieza el oído medio, que lo forman el tímpano y la cadena de huesecillos: el martillo, el yunque y el estribo, que son los encargados de transmitir la vibración que producen las ondas sonoras en el tímpano. Esta cadena de huesecillos funciona como un sistema de palancas el cual multiplica la energía recibida por la vibración del tímpano, para hacer mover el líquido que está situado en el oído interno. En el oído interno encontramos la cóclea, que tiene forma de concha de caracol. En su interior encontramos una estructura llamada Órgano de Corti y tres canales, dos de ellos con líquido, que al igual que el Órgano de Corti, recorren toda la cóclea.

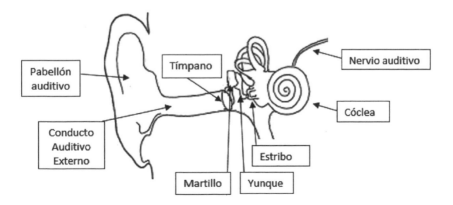

El Órgano de Corti contiene unas células ciliadas de muy alta especialización que contienen unos filamentos llamados cilios, que, excitados por la vibración recibida en la cóclea, a través de los huesecillos, transforman esta vibración en impulsos eléctricos que pasan al cerebro a través del nervio auditivo. El cerebro, en un proceso que se conoce como transducción, decodifica estos impulsos y produce el fenómeno de la audición, lo que nosotros oímos.

Instrumento Musical	Oído externo	Oído medio	Oído interno	Cerebro
•Crea las ondas sonoras a través de la vibración	•El pabellón auditivo capta estas ondas y las conduce hasta el tímpano	•El tímpano y la cadena de huesecillos transforman estas ondas en vibración	•En la cóclea, las celulas ciliadas transforman la vibración en impulsos eléctricos	•Con la transducción, se transforman estos impulsos en sensaciones acústicas

Así, tenemos que el sonido producido por un instrumento mediante la vibración creada al pulsar las cuerdas, al soplar en su interior o al percutirlo, genera unas ondas sonoras que se desplazan por el aire. Estas ondas son recibidas en el pabellón auditivo y conducidas hacia el tímpano, el cual, junto con la cadena de huesecillos las transforman en una vibración que excita los cilios de las células ciliares del Órgano de Corti, en la cóclea, y estas células transforman dicha vibración en impulsos eléctricos que el cerebro decodifica. Realmente, toda una máquina de precisión que nos permite oír el ruido de la calle, disfrutar del canto de los jilgueros, escuchar decir Te quiero a nuestra persona amada, o todas las maravillas musicales que nos rodean.

Nuestro oído nos permite escuchar sonidos que van de los 20 a los 16.000 - 20.000 hz aproximadamente. Esto significa que podemos escuchar sonidos generados por las ondas sonoras que producen de 20 a 16.000 - 20.000 vibraciones por segundo, es decir herzios (hz). Así pues, todos aquellos sonidos que se producen con menos de 20 hz (vibraciones por segundo) los conocemos como infrasonidos y son inaudibles para nosotros. De la misma manera, todos aquellos sonidos que generan más de 20.000 hz, conocidos como ultrasonidos, también son inaudibles por los humanos.

La nota La3, que se conoce como La central y que es la nota de referencia que produce un diapasón y que se utiliza para afinar muchos instrumentos, actualmente se sitúa en los 440 hz. Es decir, cuando nuestro oído recibe unas ondas sonoras que vibran 440 veces por segundo, nuestro cerebro nos produce la nota La de la escala musical. Esta misma nota La3 se puede escuchar a diferentes intensidades, es decir, a diferente volumen. Una conversación realizada a un nivel de volumen normal, sin gritar ni susurrar está alrededor de los 60 decibelios, el rumor de las hojas removidas por una suave brisa, está cerca de los 15 dB y una calle con mucho tránsito está en los 80 dB. Un volumen a 90 dB ya es dañino para nuestros oídos, y un volumen superior a los 120 dB ya causa dolor. Esos son valores que debemos tener en cuenta al escuchar música con nuestro reproductor, especialmente con el uso de auriculares a todo volumen, y utilizar protectores auditivos en nuestro lugar de trabajo si es necesario.

Podemos escuchar la música de diversas maneras según el grado de atención que le podemos prestar:

> En primer lugar, tenemos la escucha sensitiva o hedonista, que es la que se produce cuando escuchamos música por puro placer y nos dejamos transportar por ella.

> En segundo lugar, encontramos la escucha expresiva, que es aquella a la que le atribuimos un significado extramusical: relajación, terror, pasión, recuerdo… son elementos que nada tienen que ver con el sonido musical, pero que nosotros como oyentes los clasificamos. Por ejemplo, una música con el canto de pajarillos y el sonido de un riachuelo, la clasificaríamos como relajante. En el mercado musical hay muchos cd tipo *Relaxing Bach*, en el que se puede escuchar música de Johann Sebastian Bach con un fondo en el que se escuchan las olas del mar, sonidos de la naturaleza… Hay otras que las relacionamos con una emoción o un sentimiento, como el miedo en la BSO de *Cape Fear (El cabo del miedo)* de Bernard Herrmann, la sensualidad en la canción *You can leave you hat on*, de Joe Cocker. En cambio, nos entristece el tema de John Williams de *La lista de Schindler* y nos trae bellos recuerdos de la infancia la entrada de *Verano Azul* de Carmelo A. Bernaola.

En la siguiente tabla te popongo que escuches estas piezas. También he dejado unas casillas en blanco para que anotes aquellas canciones que signifiquen algo para ti:

Canción	Compositor/Intérprete
You can leave your hat on	Joe Cocker
Schindler's theme	John Williams
Cap fear	Bernard Herrmann
Verano azul	Carmelo A. Bernaola

Vamos a hacer un ejercicio relacionado con este tipo de escucha.

Ejercicio:	¿Qué significa para ti?

✓ Vuelve a escuchar los temas anteriores, e intenta sentir algo completamente diferente a lo has sentido en la audición anterior, por ejemplo: alegría en lugar de tristeza.

✓ Haz lo mismo con los temas que has apuntado tú.

▶ Existe un tercer tipo de escucha a la que llamaremos consciente, que es el tipo que trabajaremos en este libro, y que nos permite reconocer cómo está construida la música que escuchamos, qué partes la componen, qué instrumentos suenan etc.

¿Estás a punto? ¡Empecemos!!!

2

CÓMO DISTINGUIR LOS DIFERENTES INSTRUMENTOS MUSICALES POR SU SONIDO

La diferencia sonora que existe entre un instrumento u otro se centra en las cuatro cualidades del sonido que produce: La duración, la intensidad, el timbre y la altura.

La duración viene dada por el tiempo que se prolonga el sonido. Hay instrumentos que solamente pueden emitir sonidos de corta duración. En cambio, existen otros que pueden producir sonidos muy largos. Entre los instrumentos de sonido más corto o breve encontramos algunos de percusión como el xilófono, pero también algunos de cuerda, como el clavicémbalo.

Hay instrumentos como el clavicémbalo que tienen limitada su capacidad para poder emitir sonidos a una baja o alta intensidad, es decir, sonar flojo o fuerte. Lo mismo sucede con el órgano, que sí puede emitir notas más largas o cortas, pero con una sonoridad que no le permite hacer notas a muy bajo volumen, o en términos musicales, *Piano → p*, o *Pianissimo → pp* ni notas *Fortissimo → ff*. Ambos instrumentos realizan estos matices por acumulación de notas en un mismo tiempo mediante acordes plagales, es decir, tocando todas las notas de acorde juntas, y así poder dar la sensación de que el volumen es *forte*. Al tocar las notas del acorde en forma desplegada o arpegiada, es decir, tocando las notas del acorde una detrás de otra, se consigue dar así una sensación de una intensidad o volumen medio e incluso también de una intensidad *Piano*.

Con la evolución de los instrumentos y la creación de nuevos, se consiguieron mejorar aquellos factores que los intérpretes y los compositores necesitaban. Por ejemplo, una de las ventajas que trajo la invención del piano como instrumento musical respecto al clavicémbalo fue poder hacer notas más largas y, además, variando su intensidad, es decir, su volumen. Con ello se aportó una herramienta instrumental con una calidad expresiva que permitía realizar matices hasta entonces impracticables en un instrumento de tecla. No en vano se convirtió en el instrumento estrella del Romanticismo, pues permitió que grandes compositores, muchos de ellos extraordinarios intérpretes de este instrumento, crearan obras maravillosas como la sonata «Claro de Luna» de L.V. Beethoven, los nocturnos de Chopin, por no alargar la lista con las composiciones de W. A. Mozart, R. Schumann, F. Mendelssohn, F. Listz, I. Albéniz, E. Granados… por citar solo algunos genios de la música pianística.

En la siguiente propuesta de audición puedes comparar el sonido del clavicémbalo con el del piano. La pieza originalmente fue compuesta para clavicémbalo, pero actualmente también se interpreta en múltiples ocasiones en el piano. Verás que el timbre del instrumento, aunque los intérpretes realicen diversos matices en ambas audiciones, le da un carácter particular a cada interpretación. Encontrarás muchos ejemplos de esta audición en ambos instrumentos en Spotify o en You Tube.

Pieza:	Preludio 1 Clave Bien Temperado. J. S. Bach
Propuestas:	Clavicémbalo
	Piano

Entendemos como timbre musical la característica particular que posee cada instrumento que permite que podamos reconocerlo al escuchar su sonido. Una flauta de pico suena diferente a un violonchelo, y este a su vez suena diferente a una guitarra y esta a un laúd. El timbre, es decir el sonido, viene dado por la forma como se toca, la medida del instrumento, los materiales con que se ha fabricado, la forma que tiene... puesto que todo ello influye en la vibración del material como las cuerdas, las cañas, las membranas de un tambor o los labios de un trompetista. Esta vibración es la encargada de producir las ondas sonoras y que son amplificadas por la caja de resonancia o el cuerpo del instrumento. No vibra igual una cuerda de tripa que una cuerda metálica, o una madera muy veteada que una con menos vetas. Como vemos, todo lo que compone el instrumento tiene que ver con el sonido que emite.

Con la práctica, uno incluso puede llegar a diferenciar la guitarra A de la guitarra B, ya que habrá peculiaridades en el sonido que ayudarán a reconocer cuál es cuál. Hay violines que tienen un timbre (sonido) brillante; otros, en cambio, poseen un timbre más aterciopelado. No significa que un tipo de sonido sea mejor que otro, sino que sus matices tímbricos son diferentes y son los encargados de darle su singularidad.

Con la voz sucede lo mismo. Hay cantantes con la voz más amplia, otros la tienen rasgada, otros cálida... otros, además, la adaptan al texto que están cantando para enfatizar una palabra o un sentimiento. El timbre es la propia característica de los cantantes y lo que les da su individualidad entre el gran grupo de intérpretes musicales.

Estoy convencido de que eres capaz de reconocer la voz de muchos cantantes la primera vez que les escuchas cantar una canción nueva o que no habían interpretado antes. Ello es debido a que ya te has acostumbrado a escuchar su voz y este hábito hace que sus peculiaridades tímbricas (características personales de su voz) te sean familiares y con ello puedas reconocerle, de la misma manera que reconoces la voz de tu pareja, de tus hijos y de la gente que habitualmente tienes a tu alrededor. Lo mismo sucede en otros ámbitos: el andar, el movimiento corporal, la forma de hablar, la letra, el trazo de un pintor o el estilo de un compositor, nos permiten saber de quién se trata.

Son estas peculiaridades las que hacen que un intérprete, grupo, orquesta o compositor, sobresalga a los demás. Podríamos decir que imprime su sello personal en sus creaciones, ya sea de manera consciente o de manera inconsciente, puesto que todos tenemos nuestra manera de hacer algo que nos distingue de como lo han hecho los demás. Por ejemplo, y cambiando al ámbito culinario, mis macarrones son diferentes a los que cocina mi madre, aunque lo hagamos todo igual... pero ¿lo hacemos todo igual? Seguro que hay elementos, tiempos y particularidades que cambian: los instrumentos de cocina, los materiales/ingredientes, los tiempos...

En la música sucede lo mismo.

En el siguiente ejercicio debes concentrarte solo en escuchar. No juzgues ni pienses si *Tal* lo hace mejor o me gusta más la versión de *Cual*. De momento concéntrate en encontrar las pequeñas diferencias que puedan existir en la interpretación del cantante, de los matices y características de su voz.

Te aconsejo que, si te es posible, para realizar este ejercicio utilices las versiones de concierto en directo puesto que podrás distinguir estos pequeños o grandes matices interpretativos más fácilmente sin que la música haya pasado por el filtro de un estudio de grabación. En You Tube podrás encontrar varios ejemplos de cada propuesta en versión concierto.

La pieza en cuestión es «My Way», la versión en inglés realizada por Paul Anka del tema «Come d'habitude» de Claude François. El texto original de la pieza francesa es completamente diferente a la versión inglesa y el sentido de la canción es, por ello, muy distinto. Por este motivo no he incluido a Claude François en la lista de cantantes, puesto que lo que me interesa para este ejercicio es el significado del texto en inglés. Verás que los intérpretes escogidos son grandes vocalistas con una gran personalidad cada uno de ellos, lo que les puede ayudar a imprimir mejor sus características personales en la interpretación. También existen versiones de los conciertos propuestos subtituladas al español.

Probemos:

Pieza:	My Way
Propuestas:	Frank Sinatra
	Elvis Presley
	Robbie Williams
	Tres Tenores

Escucha cada versión varias veces. Concéntrate en la voz. Busca inflexiones, cuándo y cómo respira, cómo saborea cada palabra, cómo la canta y la intención que imprime en ella. Luego piensa cuál de las cuatro versiones te ha gustado más, cuál de ellas es la más intensa y te hace vibrar. Por el contrario, piensa cuál es la más fría, la más técnica... sin olvidar que debes basarte solamente en cada voz.

Comprobarás que, aunque en alguna de las versiones el acompañamiento orquestal sea casi el mismo, el cantante (o cantantes) imprimen su sello personal tanto por el color de su voz como por su interpretación de la melodía a través de cantar el texto con su voz, su instrumento musical con timbre propio.

Ahora prueba de escuchar piezas diferentes de estos cantantes y prueba a ver qué elementos pueden parecerse a los que has encontrado en la interpretación de «My Way». Escucha la pronunciación, cómo respira, busca el color de cada voz... Con ello aprenderás a reconocer cada cantante por su forma de cantar, y no solo por su voz.

Sugerencias de ampliación (Recuerda que para este ejercicio es mejor utilizar versiones de conciertos en directo):

▶ Puedes completar el ejercicio escuchando otras versiones diferentes también de grandes cantantes y hacer el mismo ejercicio: Paul Anka, Celine Dion, Sid Vicious, Shirley Bassey, Andrea Bocelli, Il Divo...

▶ En las versiones de los Tres Tenores o en la de Il Divo, prueba a identificar las características particulares de la forma de cantar de cada uno de los integrantes, de cada timbre. Al cantar uno seguidamente de otro, están mostrándote cómo cantan ellos esta pieza, siendo más fácil el ejercicio ya que no tienes que cambiar de un vídeo a otro.

▶ Comprueba las diferencias de interpretación en diversos idiomas. ¿Existen diferencias en los matices de los cantantes o son todas las interpretaciones iguales? ¿Son más parecidas las versiones en español entre ellas que las inglesas entre sí o, por el contrario, no importa el idioma sino la línea melódica? Con la versión francesa ¿existen diferencias de interpretación a las versiones en inglés por ser un texto diferente?

Hemos trabajado sobre voces de ámbito similar y en los instrumentos musicales sucede que hay instrumentos de sonido parecido, pero con matices muy diferentes y que a veces presentan confusión. En la siguiente propuesta vamos a trabajar, escucharemos tres instrumentos de la familia de viento madera[1] que presentan confusión a menudo, especialmente cuando nos iniciamos en el mundo de la música para banda o en las big band del jazz. Los encontramos también en la música clásica, la banda, grupos de rock, etc… y los tres pasan por ser clarinetes… es cierto que los tres son alargados, pero escucha la diferencia de sonido entre los tres. Como sabes, solo son propuestas. Si no te convencen, búscate aquellas que más te sirvan para identificarlos.

Instrumento	Título	Compositor/ Intérprete
Oboe	Concerto in re minore per oboe e orchestra	Alessandro Marcello
Clarinete	Clarinet concert in A	Wolfgang A. Mozart
Saxo soprano	The moment	Kenny G

Como ves en la tabla, existen diversos registros de saxofón, que van del *sopranino,* como más agudo, al bajo, como más grave. El más común es el alto, pero también son frecuentes el tenor y el barítono. El clarinete también tiene diversos registros que van desde el *sopranino* al contrabajo, siendo el más común el clarinete soprano en Si*b*. Con el oboe también hay variantes: además del oboe habitual, encontramos el *piccolo* (más agudo), el bajo, el corno inglés, el barroco, el d'*amore*, el *da caccia* (con forma curva)…

Prueba a escuchar los diferentes timbres de estos instrumentos de viento. No se trata que los distingas, solamente disfruta de su sonoridad.

---

1 El saxofón se considera un instrumento de viento madera a pesar de tener el cuerpo de metal. El sonido se produce al hacer vibrar una caña ubicada en la boquilla del instrumento, por lo que la vibración que genera el sonido la produce la caña (madera) y la amplificación del sonido el cuerpo (metal).

El cuarteto de saxos y el de clarinetes son una formación muy compacta, con una sonoridad muy característica. Diversos compositores han creado música para los tipos de oboe:

✓ Vivaldi compuso un concierto para dos oboes. Sabrás que es un oboe barroco por la forma, con la madera tallada y sin sistema de llaves (tiene dos al final).

✓ Bach tiene un concierto para oboe d'*amore*.

✓ Podrás escuchar el corno inglés interpretando el solo del 2° movimiento de La Sinfonía del Nuevo Mundo de A. Dvorak.

La voz humana también tiene diferentes registros, y no todos son iguales entre sí. Hay tenores que hacen unas notas más agudas; hay barítonos y barítono-bajos, bajos... Te muestro una tabla con las divisiones más usuales de la voz humana, de más grave a más agudo:

Hombres		Mujeres y niños
		Soprano
		Mezzosoprano
	Contratenor	Contralto
	Tenor	
	Barítono	
Bajo		

Como comentaba anteriormente es muy difícil clasificar una voz humana ya que, por su color, su registro, su mordiente (elasticidad de la laringe), su vibrato, su resonancia... cada voz es diferente y existen subgrupos dentro de las grandes clasificaciones. Por ejemplo, tenemos el registro de contratenor, que es aquel hombre que canta con una técnica que le permite hacer notas más agudas que un tenor. Dentro de los contratenores existen diversas clasificaciones: el contratenor soprano, que sería el que tiene el registro más agudo, el contratenor mezzosoprano y el contratenor contralto, que es el que explota su registro más grave. Existe el bajo y el barítono *buffo*, que es aquel que hace interpretaciones de personajes cómicos. Tenemos el tenor lírico, el *spinto* y el dramático. En voz de soprano, tenemos soprano ligera, de coloratura...

Como decía antes… tendemos a clasificar todas las cosas de nuestro entorno y, a veces, es complicado, puesto que un tenor lírico determinado puede cantar música del dramático, etc…

En el siguiente ejercicio te propongo un *quiz*. Deberás escuchar la pieza y pensar qué tipo de voz humana la canta. Hay una sola respuesta para cada ejemplo. Algunas de ellas son muy claras, otras son un poco más complicadas. En las más difíciles, escucha si canta notas agudas o bajas, si es un registro medio… Escucha las piezas tantas veces como te sea necesario. Lo importante es que trabajes tu oído. Como son muy conocidas, algunas las sabrás emparejar sin escuchar, pero te aconsejo que no lo hagas. Me repito: Lo importante es que trabajes tu oído.

Voz	
Soprano	1
Mezzosoprano	2
Contralto	3
Contratenor	4
Tenor	5
Barítono	6
Bajo	7

Tema	
But who may abide (H. Summers)	
Oh sole mio (L. Pavarotti)	
O Isis und Osiris (K. Moll)	
Der Vogelfänger bin ich ja (D.Fischer-Dieskau)	
Una voce poco fa (T. Berganza)	
Domerò la tua fierezza (C. Dumaux)	
Der Hölle Rache kocht (D. Damrau)	

Relacionada con el color de las voces humanas está también otra de las cualidades del sonido como es la Altura, es decir sonidos más agudos o altos y sonidos graves o bajos. En la música podemos escucharlos de manera aislada uno detrás de otro por ejemplo en una melodía de clarinete o al cantar, y de manera conjunta cuando se interpretan varias notas a la vez como podría ser el caso de canto y guitarra, una coral, un piano o una orquesta.

¿Cómo puedes trabajar la Altura, es decir la distinción entre sonidos agudos y graves?

En la década de los ochenta había un juguete muy famoso que emitía luces y sonidos. Se llama Simon. En él se iban encadenando una serie de sonidos —que generalmente eran cuatro, aunque existía la versión de seis— que se vinculaban cada uno a su color, teniendo así cuatro alturas con sendos colores. El juego consistía en ir siguiendo la serie que proponía el juguete, que empezaba con un sonido e iba aumentando la cadena de ellos paulatinamente a medida que el jugador repetía la propuesta sonora pulsando las teclas de colores. Las combinaciones de sonidos eran múltiples, y a medida que avanzaba la serie, incrementaba también la velocidad del ejemplo, añadiendo emoción y dificultad.

Este juguete era muy educativo ya que fomentaba la memorización, la concentración, el afán de superación, el tesón, la imitación y la repetición y lo más importante en este punto: la educación auditiva mediante la escucha y repetición —mediante el pulsador de cada color— de series compuestas por sonidos de cuatro alturas diferentes y combinadas entre sí. Al jugar uno se fijaba en los colores, pero también en el sonido. Cuando acechaba la duda, se podía cantar la serie ya fuera mediante el canto interior o con la ejecución vocal para poder resolver la situación.

Aunque hoy en día en algunos círculos pedagógicos la memorización, la repetición y la imitación suenen a algo anticuado, viejo e inútil —idea que no comparto— te hago una propuesta de ejercicio práctico: ¡Pon un Simon en tu vida!

Ejercicio:	Simon

✓ Puedes comprarte el juguete físico, aunque también puedes descargarte una de las muchas aplicaciones gratuitas de este juguete en tu móvil o tablet, o acceder en línea a las muchas versiones del juego. Con ello te distraerás, te relajarás, pero además estarás trabajando tu oído musical de una manera lúdica adaptada a tu tiempo libre.

Ejercicio:	Transporte Público - 1

✓ Otro ejercicio que te propongo es que cuentes y que te fijes en lo que estás contando. Si vas en tren o en metro a tu trabajo o centro de estudio, aprovecha el momento del cierre de puertas para concentrarte y contar cuántas veces se emite el sonio de aviso. Dependiendo del convoy, irá más rápido o será más agudo o grave que el sonido emitido por otro, por lo que tendrás que agudizar tu oído.

Ejercicio:	Transporte Público - 2

✓ Una vez hayas resuelto cuántas veces ha sonado, piensa si es siempre igual. Retenlo en tu memoria y compáralo con otro que escuches de otro tren. ¿Cuál es más agudo y cuál es más grave? ¿Cuál es el más largo y cuál es más corto? ¿Cuál emite más sonidos que otro? Y todas las preguntas que te vayan surgiendo y que te ayuden a trabajar con estos sonidos.

Si no vas en transporte público, no importa. Aprovecha a diferenciar los sonidos de los cláxones de los coches o los pitidos que indican el movimiento marcha atrás que emiten los vehículos de carga, transporte y obras. Puedes realizar el mismo ejercicio de escuchar y comparar propuesto para realizar en el uso de los transportes públicos.

Aunque puedan parecerte dos ejercicios absurdos, prueba a hacerlos. Verás como con la práctica tu oído se va agudizando y eres capaz de distinguir más elementos de tu entorno, o como se dice actualmente, paisaje sonoro.

Y esto ¿qué tiene que ver con la música? Todo. Podemos decir que la música, una melodía, es, de una manera muy técnica y sucinta, una serie de sonidos producidos a diferentes alturas que van de graves (bajos) a agudos (altos), y con duraciones que pueden ser iguales o diferentes entre sí. La combinación de sonido y tiempo nos da lo que es una nota con su ritmo. Un Do negra es más lento que un Do corchea. Un Re negra es más lento que un Re corchea y suena un tono más alto que el Do negra. Son iguales en duración, pero no en sonido, siendo el Re un poco más agudo.

El tamaño de los instrumentos también influye. Cuanto más pequeño, más agudo, y cuanto más grande más grave. Piensa en el violín y el contrabajo respectivamente. La longitud también influye, así tenemos que si desenrolláramos una trompeta mediría 1,80 metros (dependiendo del tipo), y una tuba 5,50 metros. Sin escucharlas sabemos cuál es más aguda y cuál es más grave solo por su longitud: la más corta, la más aguda. La más larga, la más grave.

Lo mismo sucede con el grosor de las cuerdas. Aquellas más gruesas son las cuerdas graves, y las más delgadas las agudas. Cuando tengas ocasión, abre la tapa de un piano y observa las cuerdas. Toca el teclado y verás el martillo al que pertenece la tecla que pulsas, cómo golpea las cuerdas. Verás que hay cuerdas más gruesas y largas, y otras más delgadas y pequeñas. Piensa en la forma de la cola de un piano. En la parte más larga estarán las cuerdas más graves. En la parte más corta, están las cuerdas más agudas. En un piano de pared, las cuerdas están en posición vertical. Es como si pusieras la cola del piano mirando hacia arriba.

Vamos a ver un ejemplo sobre longitudes tamaños y cuerdas mediante dos instrumentos muy populares: La guitarra y el ukelele.

¿Qué diferencia una guitarra de un ukelele? El tamaño y el número de cuerdas y su afinación, así como influye tanto la calidad de la madera como la de las cuerdas. Cualquiera de estos dos instrumentos puede ser cualitativamente mejor que otro dependiendo de los materiales de fabricación que, conjuntamente con el tamaño y la forma, le darán su timbre único y característico de cada instrumento.

Los dos son excelentes para acompañar la voz y otros instrumentos, pero la guitarra posee más número de cuerdas graves (para las notas bajas) que el ukelele y el sonido que producen al acompañar es diferente por este motivo, además de su tamaño. Esto no significa en absoluto que la guitarra no pueda llegar a registros agudos. En el siguiente esquema verás el rango de la tesitura de una guitarra.

Puedes escuchar el amplio registro de la guitarra en la siguiente audición:

Pieza:	Entre dos aguas
Versión:	Paco de Lucía

El registro del ukelele varía según el instrumento y su tamaño. El más frecuente es el más pequeño que sería el ukelele soprano el cual tiene la tesitura más aguda, pero también existe el ukelele tenor y el ukelele barítono, que es el de tesitura más grave de los tres.

Una de las piezas que ha popularizado el ukelele a nivel mundial es:

Pieza:	Somewhere
Versión:	Israel «IZ» Kamakawiwo'ole

Para completar el registro y así tener más material para trabajar en la próxima audición, voy a añadir el bajo eléctrico, que habitualmente realiza los graves en los grupos de música punteando las notas. Generalmente posee cuatro cuerdas, pero los hay que tienen más. Su cuerpo es más grande y su mástil más largo que el de la guitarra. Su tesitura es más grave.

Te propongo esta pieza en la que podrás escuchar el bajo eléctrico al inicio tocando una serie de notas que irá repitiendo a lo largo de toda la audición:

Pieza:	Another one bites the dust
Versión:	Queen

En el ejemplo de la guitarra y del ukelele observamos cómo dos instrumentos parecidos se usan para realizar elementos similares como puede ser el acompañamiento con acordes por ejemplo de una canción, de la misma manera que encontramos al laúd, la bandurria, el guitarrón, la mandolina, el charango... por citar solo algunos ejemplos. Con la guitarra y el ukelele vemos también que estos acompañamientos suenan diferente puesto que en ukelele son más agudos y por ello proporcionan una sonoridad diversa y que es complementaria a la de la guitarra. En YouTube encontrarás vídeos en los que ambos instrumentos aparecen en la misma agrupación junto al bajo eléctrico. Prueba a identificar el sonido de alguno de los tres instrumentos en las siguientes audiciones:

Instrumentos	Ukele, guitarra y bajo eléctrico
Artistas y pieza:	Manel: Al mar
	Paula Rojo: Otro café[2]

Un ejercicio básico que te ayudará agudizar tu oído es el que utilizaba el reconocido pedagogo musical Edgar Willems para la educación del oído de sus alumnos. Consistía en ordenar en orden creciente o decreciente unas campanas según la altura del sonido que emitían. Willems consiguió que sus alumnos escucharan diferencias de vigésimo cuarta a quincuagésima parte de tono, llegando, los alumnos con un oído más desarrollado, a la centésima de tono. Basándome en su modelo, te propongo un ejercicio que puedes realizar en tu casa:

---

2 En la audición de «Otro café» de Paula Rojo escucharás también dos instrumentos de cuerda más: un violín y una Pedal Steel Guitar, que se encargan de dar el toque country a la canción.

Ejercicio:	Vasos de Agua

✓ Para realizar este ejercicio te propongo que llenes vasos con agua a diferentes alturas. Al principio, para que te sea más fácil, llena los vasos con cantidades bien diferentes. Una vez llenos, golpea suavemente cada vaso con un objeto como una cuchara o un tenedor. Una vez hayas oído todos los vasos, ordénalos de más grave a más agudo. Primero empieza con pocos y ves añadiendo más cantidad de vasos a medida que vayas mejorando.

✓ Una vez ya te sea fácil ordenar los vasos de agua con cantidades bien diferenciadas, aumenta la dificultad poniendo cantidades lo más iguales posible.

✓ Piensa que se trata de un ejercicio de oído. No los intentes ordenar por la vista, sino por el sonido que producen. Puedes utilizar también vasos de diferentes formas y tamaños, lo que dificultará que la vista te ayude a ponerlos en orden. Recuerda: solo con el oído.

Ejercicio:	Silbatos de agua

Otro ejercicio que te propongo es que pruebes lo mismo con silbatos. Puedes probar con los cerámicos y/o de plástico que se llenan de agua y emiten un sonido similar al canto de un pájaro, o puedes utilizar diferentes silbatos de madera. Los silbatos cerámicos que imitan pájaros son bastante fáciles de encontrar en tiendas de juguetes y su precio es bastante económico.

Si les dices a las personas de tu entorno que coleccionas silbatos de cerámica, verás que cada vez que salgan de viaje te traerán alguno. Ya ves que además de trabajar tu oído, ampliarás tu colección de silbatos. Eso sí, pregúntales qué coleccionan ellos y cuando salgas recuerda a traerles dedales, búhos, cucharillas, imanes, monedas... Debemos ser justos: Para recibir, ¡también hay que dar!

Con este tipo de ejercicios mejorarás y afinarás tu oído musical. El término adecuado sería agudizar, pero no lo empleo en este momento para no crear confusión y una falsa relación entre agudizar el oído y mejorar la escucha de los sonidos agudos. Con la práctica de la escucha reconocerás el timbre musical de los instrumentos, las características musicales de un cantante, el sonido de un grupo y el estilo de un compositor.

En las siguientes *tracklist* encontrarás un ejemplo de cada uno de los instrumentos más usuales de una orquesta. Faltan los de percusión y otros instrumentos como el flautín, el contrafagot, el clarinete bajo... que se emplean según las necesidades de la partitura. Verás que he dividido las tablas por familias y he añadido una imagen de cada uno intentando mantener la proporción de tamaño, aunque no siempre ha sido posible. Las audiciones son solo unos ejemplos a los que puedes aplicar la misma atención para observar sus características tímbricas que en el ejercicio de distinción de voces del tema «My Way». Cuantos más ejemplos y más variado escuches de modo consciente, es decir, prestando atención y analizando lo que se escucha, más mejorarás.

Instrumentos de cuerda:

Instrumento	Obra	Grupo o compositor
Violín	Concierto para violín núm. 3	W. A. Mozart
Viola	Concierto para viola en Sol M	G. P. Telemann
Violonchelo	Suite núm. 1 para violonchelo	J. S. Bach
Contrabajo	El elefante	C. Saint-Saëns
Arpa	Concierto para arpa y orquesta	G. F. Haendel

Violín

Viola

Violonchelo

Arpa

Contrabajo

Instrumentos de viento metal (embocadura de boquilla):

Instrumento	Obra	Grupo o compositor
Trompeta	Concierto para trompeta	F. J. Haydn
Trompa	Concierto para trompa núm 2	R. Strauss
Trombón	Concierto para trombón	N. A. Rimsky- Korsakov
Tuba	Concierto para tuba en Fa m	R. Vaughan Williams

Trompeta

Trompa

Trombón

Tuba

Instrumentos de viento (bisel y caña)

Instrumento	Obra	Grupo o compositor
Clarinete	Concierto para clariente en La M	W. A. Mozart
Oboe	Concerto in re m per oboe e orchestra	A. Marcello
Corno Inglés	Concertino para Corno Inglés	G. Donizzeti
Fagot	Concerto en Mi m	A. Vivaldi
Flauta travesera	Concierto para flauta en Sol M	W. A. Mozart

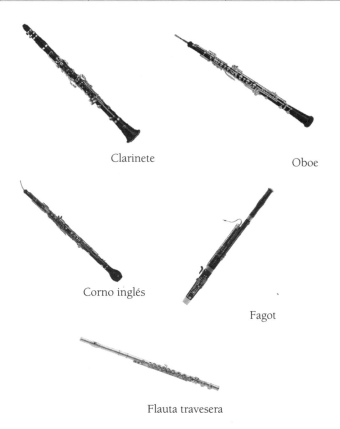

Clarinete

Oboe

Corno inglés

Fagot

Flauta travesera

Por cierto, debemos romper estereotipos sobre los instrumentos musicales: los instrumentos no pertenecen unos a música «clásica» o a música popular o urbana, sino que muchas agrupaciones comparten los mismos instrumentos. Encontramos una sección de vientos con trompetas y trombones en los grupos de ska, bandas dixie y jazz. Los violines suenan en el country, pero también los encontramos, junto con el arpa, en los mariachis y en la música celta. Así que te invito a que busques los instrumentos de la tabla anterior, pero tocando en otro estilo de música. Estoy seguro que disfrutarás haciéndolo y, además, podrás llevarte alguna que otra sorpresa.

No hace falta seguir las propuestas de audición al pie de la letra. Ya existen en el mercado guías de audición que contienen cd con escuchas completamente dirigidas. En este libro puedes variar el estilo de música, cambiar el grupo, ya que lo importante es escuchar de manera consciente el instrumento. ¡No olvidemos que se trata de un libro práctico en el que debes trabajar!

 Cuando escojas un material para trabajar auditivamente, debes tener en cuenta que aquella audición en la que dudas si lo que escuchas es el instrumento que quieres o es otro parecido, no te servirá. Primeramente, debes escoger una en la que identifiques claramente el instrumento. El objetivo principal de estas audiciones es la identificación de un instrumento con su timbre, su registro y su expresividad, por lo que no te sirve una audición en la que dudas si es una flauta travesera o un flautín. Si puedes ver al intérprete tocándolo siempre es mucho mejor.

3

CÓMO RECONOCER AUDITIVAMENTE LAS DIFERENTES TEXTURAS MUSICALES

Antes de entrar en el tema de diferenciar los estilos, es importante que podamos distinguir diferentes asociaciones del sonido en la música. No es lo mismo que todos cantemos «Yesterday» de The Beatles a una voz y *a capella*, es decir, cantando todos el mismo texto, las mismas notas y el mismo ritmo y sin acompañamiento musical, a que le añadamos un acompañamiento con acordes de guitarra, o la cantemos con tres líneas de voces a coro, cantando diferentes partes del texto, diferentes notas y ritmos o que sea interpretada por una orquesta o una banda sin ningún cantante.

Cada una de las propuestas anteriores sonaría de un modo diverso a las demás por la diferente disposición de las notas musicales. Imagínate que estás decorando una tarta. Puedes ponerle una capa de chocolate, o frutas de diferentes colores, poner hilos de chocolate sobre las frutas de colores, o también todo ello sobre una cama de crema pastelera… todo forma parte del dulce postre, pero cada opción es perfectamente válida. En cada una de ellas hay una combinación de ingredientes y sabores que aportan algún elemento diferente y que aumenta o modifica al combinarse con las demás. Lo mismo sucede cuando tejemos un jersey de lana. Puedes emplear hebras de un solo color o hacer un jersey con un solo tipo de punto, o combinar diferentes colores con el mismo punto y además hacer esta combinación de diferentes maneras. También puedes hacer diferentes puntos con el mismo color: derecho, revés, de arroz, trenzas… e incluso hacerlo todo y aplicar diferentes colores a cada punto, o todos los colores en cada punto… ¡buf! ¡las combinaciones son múltiples! Con la música sucede lo mismo. En términos musicales estaríamos hablando de monodia, de melodía acompañada, de homofonía o polifonía, por ejemplo. En este capítulo aprenderemos a diferenciar la polifonía de la homofonía o de la monodia ya que en capítulos siguientes trataremos estos términos y conviene haberlos practicado previamente.

	Ejercicio:	Diferenciar versiones

Antes de entrar a escuchar las diferentes texturas propiamente dichas, te propongo un ejercicio que consiste en comparar tres versiones de una misma pieza. La primera selección quizás sea más clara que la segunda, ya que las versiones contienen más diferencias. En la segunda propuesta, las tres versiones son muy parecidas, pero contienen detalles que las hacen diferentes entre sí, especialmente en la parte del canto. Escucha con atención y verás como las encuentras.

Empecemos:

✓ Se trata que las escuches y anotes las diferencias que notas entre ellas. Por ejemplo, si canta una persona o varias. Si cantan varias ¿cantan todas a la vez? En caso que no canten todas a la vez ¿hay una voz principal con coros o son todas las voces al mismo tiempo y van variando las notas?

✓ Fíjate en los acompañamientos musicales. Anota si se trata de un solo instrumento o si hay varios. ¿Tocan todos a la vez o hay alguno que va tocando en momentos concretos?

✓ Anota las diferencias que escuches entre las tres versiones de cada propuesta.

Propuesta 1:

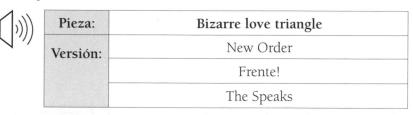

Pieza:	Bizarre love triangle
Versión:	New Order
	Frente!
	The Speaks

Propuesta 2:

Pieza:	Blowing in the wind
Versión:	Bob Dylan
	Peter, Paul and Mary
	Bee Gees

La siguiente tabla podrá ayudarte a encontrar lo que sucede en las diferentes versiones. Marca la casilla correspondiente en caso que suceda lo que se indica en la columna de la izquierda.

Ejercicio:	Rellena la tabla mientras escuchas las diferentes versiones

	Bizarre love triangle			Blowing in the wind		
	New Order	Frente	The Speaks	Bob Dylan	Peter, Paul and Mary	Bee Gees
Canta una sola voz masculina						
Canta una sola voz femenina						
Cantan voces tanto masculina(s) como femenina(s)						
Cantan varias personas a una sola voz						

Cantan varias personas a varias voces, a la vez						
Cantan a varias voces en diferentes momentos						
Canta una voz principal y el resto hace los coros						
Hay un solo instrumento de acompañamiento						
Hay varios instrumentos y tocan todos a la vez						
Hay un instrum. que toca en algún momento concreto						
Es una banda de música pop						
Es una banda de música rock						
Es una banda de música folk						
Es una orquesta sinfónica						
Anota cualquier otra diferencia						

Sugerencia de ampliación:

▶ Prueba a rellenar la tabla anterior con estas versiones diferentes de dos de las grandes obras de la música clásica:

✓ «Himno a la alegría» de Ludwig van Beethoven y las interpretaciones de Miguel Ríos y de Il Divo.

Pieza:	Himno a la Alegría
Versión:	L.V. Beethoven
	Miguel Ríos
	Il Divo

✓ Aria de la *Suite num. 3* de Johann Sebastian Bach, y las interpretaciones del grupo pop Sweetbox y el coro de niños Libera.

Pieza:	Aria (Air) Suite 3	
Versión:	J. S. Bach	Suite núm. 3. Air
	Sweetbox	Everything's gonna be alright
	Libera	Air

Con estos ejercicios practicas el reconocimiento auditivo de la construcción de la música, de sus capas, de su textura. Varias voces cantando todas a la vez, en diferentes momentos, melodías acompañadas... crean el tejido musical.

Si puedes hacer las siguientes propuestas de audición mirando una partitura, será mucho mejor, ya que verás lo que está sucediendo en la música que escuchas. No importa que no sepas solfeo, ya que no tienes que leerla, solo mirar y comparar las notas si son todas iguales rítmicamente en todas las voces. Por ejemplo, si hay una blanca en el primer pentagrama, ver si también está en los inferiores. En You Tube encontrarás vídeos con estas audiciones, en los que la partitura avanza a medida que lo hace la pieza musical. Son muy claras y visuales, por lo que pueden ayudarte a trabajar en las audiciones que tienes a continuación.

¿Qué es la monodia?

Podemos distinguir diferentes clases de texturas musicales. La más básica es la monodia, en la cual todos los instrumentos y/o voces cantan y tocan las mismas notas, esto sucede por ejemplo en un coro de canto gregoriano, o cuando cantamos con nuestros amigos cualquier canción (a una voz). Es decir, se conoce como monodia la música que solamente tiene una línea melódica que puede ser interpretada por un solo instrumento o cantante, pero también por varios instrumentos y/o cantantes. Lo más importante de todo es que solamente existe una línea melódica.

	Monodia	Puer natus est

Encontramos la monodia cuando todos los alumnos de la clase de música tocan una canción a una voz con la flauta, o la cantan. Cuando se anima a un equipo en un estadio, en las celebraciones familiares cuando cantamos «Cumpleaños feliz» o los villancicos después de la cena de Nochebuena.

¿Qué es la polifonía?

Cuando hablamos de polifonía nos referimos a cuando suenan varias notas a la vez. Habitualmente se distingue entre homofonía, que es cuando todas las notas de las distintas voces van al mismo ritmo, y polifonía, cuando el ritmo es diverso entre las diferentes voces, aunque la polifonía integre también a la homofonía. Aquí también seguiremos esta tendencia.

Un ejemplo de homofonía lo encontramos en la pieza «Señora de hermosura», de Juan del Encina. En esta bellísima canción, las cuatro voces llevan el mismo ritmo continuamente, excepto en el momento final de cada frase en el que hay una leve variación para realizar la cadencia, que es el nombre que recibe el final de una frase o de una obra.

| 🔊)) | Homofonía | Señora de hermosura (Juan del Encina) |

Encontramos la homofonía en muchas composiciones corales. En ellas, no hay ninguna voz principal, sino que todas son importantes para el desarrollo polifónico de la pieza en el sentido que forman parte de la progresión de acordes que van construyendo a medida que avanza la pieza.

En la siguiente audición podrás escuchar el coro «Worthy is the Lamb» del oratorio El Mesías de G. F. Haendel. En la primera parte podrás escuchar la homofonía (A) en las cuatro voces del coro y en la orquesta, pero un poco más adelante, cuando el coro canta la frase: «To recive power, and riches, and strenght, and glory, and honour, and blessing», el coro y la orquesta continúan en homofonía excepto los violines que realizan escalas en semicorcheas (B). Se repite la sección de homofonía total A y la segunda sección con la homofonía y los violines con las semicorcheas B. La pieza continua después con una sección que combina polifonía (hablaremos de ella seguidamente) con homofonía, para acabar en homofonía de nuevo en la frase «For ever and ever» y dar inicio al siguiente número, el Amén del final del *Mesías*.

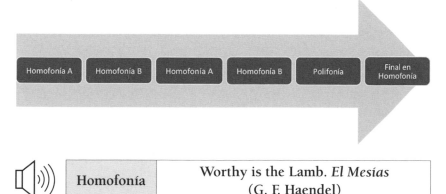

| 🔊)) | Homofonía | **Worthy is the Lamb.** *El Mesías* (G. F. Haendel) |

Una de las obras más conocidas de Antonio Vivaldi es el *Gloria* RV 589. En el primer número, el coro canta el texto «Gloria in excelsis Deo» en una homofonía completa en las cuatro voces corales, excepto en una pequeña sección al final que nos sirve para indicarnos que la pieza está llegando a su concusión. La orquesta, en este caso no hace homofonía con el coro, sino que va tocando su propia parte que se integra perfectamente en la homofonía del coro, o viceversa, el coro resurge de ella. El compositor emplea el contraste entre la forma homofónica y el acompañamiento musical para imprimir más fuerza, vigor y dinamismo al coro, creando así un efecto sobre la música y el público. Prueba a escucharlo para disfrutar de su energía.

| Homofonía | Gloria. *Gloria RV 589* (A. Vivaldi) |

Otro ejemplo de homofonía en la música de G. F. Haendel puedes encontrarlo en el anthem de coronación «Zadok the Priest» que, si eres un forofo del fútbol y no te pierdes ni un partido de la Champions, reconocerás enseguida. En él, la orquesta realiza un acompañamiento instrumental y el coro canta en homofonía, excepto en los finales de frase, como hemos visto en ejemplos anteriores. Aquí Haendel emplea el mismo recurso que A. Vivaldi en su «Gloria». La composición de Haendel es una pieza cantada en la coronación de Jorge II, por lo que el texto debía entenderse a la perfección y mostrar la grandeza del futuro monarca.

| Homofonía | Zadok the Priest (G. F. Haendel) |

Como habrás comprobado, la homofonía también puede darse en algunas secciones concretas de la pieza musical, como en la pieza «Worthy is the Lamb», o darse en el coro, independientemente de lo que sucede en la orquesta, como en «Zadok the Priest» en el *Gloria* de Vivaldi. La homofonía es una forma de componer, pero también es un método de expresión musical empleado por los autores en momentos clave para ensalzar el texto y que este pueda ser perfectamente entendido por el auditorio.

También encontramos numerosos ejemplos de homofonía en la música pop, rock y folk. En «The sound of silence», de Simon & Garfunkel, por ejemplo, encontramos la homofonía en la parte vocal, que es a dos voces, más un acompañamiento musical. Otro ejemplo son los coros homofónicos en las canciones de Queen, los cuales son una de las principales características del grupo. Algunos de sus éxitos con estos coros son: «Flash», «Bohemian Rapsody», «Don't stop me now» o «Somebody to love». Las canciones inolvidables del Dúo Dinámico como «Perdóname» o «Amor de verano» son ejemplos de homofonía. En ellas encontramos dos voces con diferente melodía, pero con el mismo ritmo cantando juntas.

Homofonía	The sound of silence (**Simon & Garfunkel**)
	Somebody to love (**Queen**)
	Perdóname (**Dúo Dinámico**)

Debemos tener presente que la homofonía total en todas las voces solo la hemos podido escuchar en la composición de Juan del Encina, «Señora de Hermosura», y en la sección homofónica A, con homofonía entre todas las voces del coro y la orquesta, del coro «Worthy is the Lamb» de *El Mesías* de G. F. Haendel. En el resto de ejemplos, la homofonía estaba presente en secciones de acompañamiento, como en «Somebody to love», de Queen. También en las melodías de las voces, pero no en el acompañamiento, como en «The sound of silence», de Simon & Garfunkel, y en «Perdóname» del Dúo Dinámico.

¿Cómo puedo saber que estoy escuchando música polifónica?

Escuchas música polifónica cuando hay diversas líneas melódicas que suenan a la vez, pero cada cual tiene su ritmo diferente a las demás, a diferencia de la música homofónica. La polifonía es el tipo de música más empleado en la mayoría de composiciones desde el Renacimiento hasta la actualidad. Las sinfonías, las oberturas de las óperas y las zarzuelas o una suite de danzas… tienen varias melodías, una o más para cada tipo de instrumento.

¿Recuerdas la sección polifónica de la anterior audición de G. F. Haendel, «Worthy is the Lamb»? Vuelve a escuchar toda la pieza observando la partitura o el diagrama anterior con las partes de la pieza. Presta atención en la parte polifónica y observa cómo las voces del coro van cada una independientemente de la otra, encontrándose de nuevo en pequeños fragmentos polifónicos.

	Comparar sección homofónica y sección polifónica. Worthy is the Lamb. *El Mesías* (G. F. Haendel)

Fíjate en la diferencia del inicio homofónico A y la parte polifónica. En la primera todos los ritmos (blancas, negras, corcheas…) de las cuatro voces (de arriba abajo: soprano, contralto, tenor y bajo) son iguales. Lo único que varía es la altura de las notas en el pentagrama. En cambio, en la sección polifónica, cada una de las voces sigue un ritmo diferente a las demás. Esta es la diferencia básica entre homofonía y polifonía.

Sección homofónica A:

Sección polifónica (fuga):

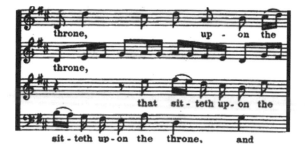

Visualmente pueden verse las diferencias entre una partitura que podríamos decir «más ordenada» (lo pongo entre comillas ya que las dos imágenes son ordenadas) en la primera imagen, la de la parte homofónica A, mientras que la parte polifónica es más variada y en la que cada una de las cuatro voces sigue su línea melódica, aunque suenen perfectamente bien todas cuatro a la vez, como hemos podido comprobar en la audición.

Podemos encontrar la polifonía en formas muy diversas. Una de las más comunes y muy utilizada especialmente en el Renacimiento, pero también en épocas posteriores, es el contrapunto. En el contrapunto conviven unas estrictas normas sobre lo que debe o no debe hacerse en la composición. La aplicación de estas reglas incumbe en la creación de bellísimas líneas melódicas independientes entre sí, y que al sonar conjuntamente lo hacen agradablemente y de forma completamente armoniosa. Aunque se tiene en cuenta la verticalidad en la superposición de las voces, la importancia radica en las líneas horizontales de la melodía correspondiente a cada voz. Compositores como Tomás Luís de Victoria, Giovanni Pierluigi da Palestrina o Cristóbal de Morales son claros exponentes de la música polifónica contrapuntística vocal.

En la siguiente tabla encontrarás solo algunos ejemplos. Su audición te ayudará a reconocer la música contrapuntística, pero lo más interesante es que escuches mucha música de estos y otros autores como Wiliam Byrd, Josquin Desprez, Atonio de Cabezón, Jacques Arcadelt, Orlando di Lasso, Adrian Wilaert y tantos y tantos otros compositores que tejieron las hebras de la música polifónica.

Compositor	Pieza
Cristóbal de Morales	Circumdederunt me
Alonso Lobo	Versa est in luctum
Giovanni Pierluigi da Palestrina	Missa Papae Marcelli. Kyrie
Tomás Luís de Victoria	Tenebrae facta sunt
Thomas Tallis	If ye love me

Lo ideal sería que escuchases las piezas varias veces, una a una. Déjate llevar y olvídate de todo lo que te rodea. Sumérgete en cada pieza intentando advertir el movimiento interno que avanza, cómo se despliega la música, cuando sobresale una voz u otra. No se trata de hacer un análisis profundo de lo que sucede, ni de saber cuántas voces cantan, ni de entender el texto. En su época, el texto era entendido solo por algunos clérigos más instruidos que conocían el latín. Los clérigos de más bajo rango y el pueblo, en general, difícilmente entendían lo que se decía, pero… imagínate en una catedral, escuchando esta música, solo con la luz que traspasaba las vidrieras y la de las velas, con el olor a incienso y cera… los feligreses se sentían transportados a otra dimensión.

Durante la audición posiblemente adviertas cómo van variando las vocales del texto o una voz que sobresale en algún momento. Puedes fijarte en el inicio de la pieza, si entran las voces una a una repitiendo la misma frase o, por el contrario, entran todas en homofonía para desplegarse posteriormente en la polifonía contrapuntística. También es importante destacar que no existe una voz principal que desarrolle una melodía y las demás un acompañamiento, sino que todas las voces tienen la misma importancia.

Una vez te hayas sumergido en la audición, es el momento de pasar a trabajar con un vídeo que contenga la partitura. Comprueba lo que has deducido previamente con la audición. ¡Seguro que descubrirás cosas nuevas! Por cierto, no te desanimes. Como he comentado otras veces, en el aprendizaje todo es práctica combinada con errores. Trabajarás igualmente el oído musical, aunque no encuentres las frases iniciales o no encuentres nada. No importa, ya que tu oído se irá desarrollando poco a poco. Además, todo aquello que escuches o que adviertas en cualquier audición, no solo en estas, es por que te ha llamado la atención por algún motivo ¡y ello siempre es bueno!

Existen varios tipos de contrapunto. Uno de los más frecuentes es el contrapunto imitativo, en el que una voz canta una frase musical y las demás van entrando progresivamente repitiendo esta frase para desarrollar posteriormente cada una su individualidad. La imitación no es al 100% puesto que debe adaptarse a las normas compositivas contrapuntísticas, pero sí que es lo más parecida posible.

Un ejemplo de contrapunto imitativo lo encontramos en un motete de G. P. da Palestrina titulado «Sicut Cervus».

| | Ejercicio | Entradas del contrapunto imitativo. |

✓ El ejercicio que te propongo es que escuches con atención este motete e intentes advertir las diferentes entradas del coro que va cantando y repitiendo la estrofa «Sicut cervus desiderat ad fontes aquarum». El motete original es a cuatro voces, pero cada voz repite la estrofa de entrada, por lo que el oyente tiene la sensación de que el motete es cantado por más de cuatro voces. En este ejercicio puedes ayudarte desde el principio de un vídeo con partitura, para que así puedas seguir el texto.

✓ Te propongo que vuelvas atrás, a la anterior tabla de audición que contiene cinco piezas y compositores del contrapunto, entre los que están Morales, Lobo o Victoria. De las cinco audiciones propuestas, hay tres con contrapunto imitativo. Fíjate bien el «Kyrie» de la *Misa del papa Marcelo* de G. P. da Palestrina y en «Tenebrae facta sunt» de Tomás Luis de Victoria. Si escuchas con atención verás que son dos muestras de contrapunto imitativo. La tercera pieza es «If ye love me», de Thomas Tallis. El inicio es homofónico, cantando todas las voces al mismo ritmo y el mismo texto, pero en el momento que se despliega la polifonía, lo hace mediante el contrapunto imitativo. Vuelve a escucharla prestando atención a estos aspectos.

El contrapunto no era una técnica compositiva exclusiva para la voz. Se escribieron gran cantidad de partituras para instrumento o agrupaciones instrumentales. Antonio de Cabezón escribió, por ejemplo, bellísimas páginas para ser interpretadas al órgano o Giovanni Gabrieli hizo lo propio con los instrumentos de viento, los ministriles de la catedral de San Marco de Venecia.

Escucha alguna de las composiciones de estos dos autores y podrás entrar en la sonoridad de las catedrales renacentistas y barrocas. Recuerda lo que hemos explicado de la luz y el olor en las catedrales y déjate transportar.

Compositor	Obra
Giovanni Gabrieli	Canzon XVI
	Canzon duodecimi toni
Antonio de Cabezón	Tiento de Primer tono

Otra de las técnicas compositivas de la polifonía en contrapunto es la Técnica Canónica, en la que todas las voces imitan estrictamente a la primera, creándose lo que se conoce como un canon. En un canon la primera voz canta o toca una melodía, que la segunda voz repite exactamente igual, empezando unos compases más tarde, y así la tercera voz, la cuarta… El canon era un recurso creativo que los compositores empleaban para demostrar su capacidad e ingenio a la hora de poner en práctica sus dotes compositivas. Un canon a tres voces de cuarenta compases era más difícil de componer que uno a dos voces de diez compases, por la sencilla razón que el compositor debía prever lo que estaría sucediendo en las otras voces para evitar errores.

Funcionamiento de un canon	Canon in D (J. Pachelbel)

Uno de los cánones más célebres, conocido y popular es el *Canon* de Johann Pachelbel. Podemos escucharlo en infinidad de hilos musicales de salas de espera, en los trenes de cercanías o en innumerables bodas. Fíjate en la siguiente partitura. Verás que es para tres violines y bajo continuo (el bajo continuo lo trabajaremos en la época barroca). Presta atención en los tres pentagramas superiores. Verás que cada violín entra más tarde, pero toca lo mismo con lo que ha empezado el primero, así hasta el final de la pieza. He marcado con ⬚ la primera frase del canon para poder ver donde empieza la primera frase en cada violín, y con ⌐⎯⎯⌐ la segunda frase del canon, también con el mismo objetivo. Y así seguiríamos hasta el fin de la pieza.

Ahora que hemos visto cómo funciona este canon, pasemos a escucharlo. Presta atención ya que, por cuestión de espacio, no he puesto las ocho primeras notas del bajo, pero en la audición sí que sonarán. Después escucharemos cómo van entrando los tres violines de manera progresiva y cómo uno imita al otro en una de las composiciones más escuchadas y admiradas de la historia de la música occidental. Te sugiero que escuches una versión con tres violines y un violonchelo o un órgano o interpretada por una orquesta. Lo importante es que no sea una versión de sintetizador, ya que se han hecho muchas versiones posteriores de este canon. Algunas de ellas solo interpretan secciones del mismo varias veces o las partes más conocidas, y los emplean como música de relajación o meditación, por ejemplo. Por lo que creo que es importante que escuches la versión original.

Puedes ayudarte visionando vídeos que contengan la partitura para ver qué sucede entre las tres partes. El bajo continuo (violonchelo, órgano, tiorba…) siempre realiza la misma serie de ocho notas, que va repitiendo hasta el final.

🔊)))	Canon	Canon in D (J. Pachelbel)

Entre otros cánones célebres tenemos el conocido «Frère Jacques», el «Cantante Domino» de D. Buxtehude, o la serie de cánones compuestos por Mozart, algunos de ellos muy divertidos. Te propongo que escuches este: «Difficile Lectu mihi mars» (W. A. Mozart).

Canon	Difficile Lectu mihi mars (W. A. Mozart)

Este canon es una completa broma musical creada por el genio de W.A. Mozart. Su texto «Difficile lectu mihi mars et jonicu difficile», no tiene ningún sentido ni en latín ni en italiano, pero al cantarlo, con los acentos musicales, adquiere otra dimensión. Se trata de un juego de palabras en el que la pronunciación por un germanoparlante poco avezado al canto en latín o italiano, sonaría fonéticamente a una expresión alemana referida a besar la parte donde la espalda pierde su casto nombre. Mozart también escribe la palabra «jonicu». Al repetir la palabra varias veces, tal y como aparece en el canon, y gracias a la acentuación musical, no se escucha «jonicu», que es lo que está escrito, sino «¡¡¡Cujoni!!!» haciendo una clara referencia a los genitales masculinos. Es que Mozart… además de ser un genio ¡¡¡¡gozaba de muy buen humor!!!!

Otra de las formas de composición más frecuentes en contrapunto, especialmente en el barroco, es la fuga, la cual la tratamos en el capítulo dedicado a la discriminación auditiva de las formas musicales. Una fuga, resumiendo muy someramente, es aquella pieza que tiene varios elementos que la constituyen, pero que el principal es una frase que se la conoce como sujeto, que es la frase inicial que puede escucharse sola, y que va apareciendo en el transcurso de la pieza en todas las voces.

Vamos a hacer una audición. Para prepararla, escucharemos la parte «Sicut locutus est» del Magníficat de J. S. Bach, que también trabajaremos en la parte dedicada a la fuga. Escucha como todas las voces: dos grupos de soprano, contralto, tenor y bajo, es decir a cinco voces, van cantando la frase que inician los bajos y que dice «Sicut locutus est at pater nostros». Si puedes, es mejor escucharla mirando el texto sobre una partitura, márcate con colores cada vez que el texto cante esta frase, el sujeto, para poder reconocerlo con más facilidad. Yo te aconsejaría que si te gusta el Magníficat de J. S. Bach te comprases una partitura (vale entre 8,00 y 9,00 €) y, mientras la escuchas, tendrás toda una obra para estudiar todos los elementos que tratamos en este capítulo. Otra opción son las páginas de internet IMSLP.org o en Cpdl.org, en las que puedes encontrar la partitura en *Creative Comons* o en ediciones antiguas en dominio público.

	Fuga	Sicut locutus est. *Magnificat*. J. S. Bach

Bien, haremos un ejercicio de discriminación auditiva de repaso, vamos a encontrar las diferencias entre la parte homofónica y polifónica del «Halelluiah» del *Mesías* de Haendel. En la siguiente tabla encontrarás las frases que se cantan con una H si es homofónica o una P si es polifónica.

	Ejercicio	Identificación de monodia y polifonía

✓ Escucha el «Halelluiah» varias veces, y prueba de hacer tú el mismo ejercicio. Tapa la columna con la solución y escribe en la columna en blanco tu resultado. Recuerda que cada frase o palabra se puede repetir varias veces.

Hallelujah	H
For the Lord God omnipotent reigneth	H
Hallelujah	H
For the Lord God omnipotent reigneth	H
Hallelujah	H
For the Lord God omnipotent reigneth + Hallelujah	P
The kingdom of his world is become	H
the kingdom of our Lord and of his Christ	H
and He shall reign for ever and ever	P

King of kings + for ever and ever + Halleluiah	P
And Lord of Lords + for ever and ever + Halleluiah	P
King of kings + for ever and ever + Halleluiah	P
And Lord of Lords + for ever and ever + Halleluiah	P
King of kings + for ever and ever + Halleluiah	P
And Lord of Lords	H
King of kings and Lord of lords	H
And He shall reign + For ever and ever	P
King of kings + For ever and ever	P
And Lord of lords + Halleluiah	P
And He shall reign for ever and ever	P
King of kings + And Lord of lords	H
And He shall reign for ever and ever	P
King of kings + And Lord of Lords + for ever and ever + Hallelujah	P
Halleluiah	H

Otra de las formas de la música polifónica es la más reconocible y común: la melodía acompañada. Piensa en cualquier canción del grupo que más te guste. Estoy convencido que es una melodía acompañada. Piensa en aquella canción que te recuerda a un amor pasado, es melodía acompañada. La canción que cantabas con tus amigos en el coche gritando a tope, es melodía acompañada. La canción que bailabas en la discoteca y que te trastocaba… melodía acompañada. El himno de tu equipo deportivo… melodía acompañada, un lied de Schubert, melodía acompañada, una aria de Verdi, melodía acompañada…

Como ves, mucha de la música que podemos escuchar es melodía acompañada. ¿Cuál es la diferencia entre la melodía acompañada y la monodia? Que en la monodia solo existe una línea musical sin acompañamiento. ¿Cuál es la diferencia entre melodía acompañada y la homofonía y el contrapunto? Que en la melodía acompañada encontramos una línea musical principal con una base también musical que le realiza el acompañamiento.

La música disco, el pop, el rock, los lieder, la ópera o la zarzuela han creado grandes ejemplos de melodía acompañada. También encontramos melodías acompañadas en toda la historia de la música. En la música medieval encontramos toda la música trovadoresca y las diferentes cantigas. La música renacentista nos proporciona la calidez y sensibilidad de autores como John Dowland. En la música barroca encontramos un nutrido grupo de arias, pertenecientes a óperas o a montajes teatrales, pero también poemas musicados como la obra de Bárbara Strozzi, la *Nuove Musiche* de Giulio Caccinni, o las canciones de Henry Purcell, por mencionar solo algunos autores, pero podríamos continuar con el Clasicismo, con las bellas arias de su ópera, así como las del Romanticismo y las del siglo XX.

En la siguiente tabla, te pongo solo un ejemplo de melodías de diferentes tipos. He dejado cuatro casillas en blanco para que pienses tus melodías acompañadas preferidas y las apuntes. Es preferible que todas sean de estilos diferentes.

Con este ejercicio vas a pensar en canciones que recuerdas, pero al tener que escribir el título de melodías acompañadas de diferentes estilos, te estás obligando a pensar más y a decidir en qué clasificación va una u otra. ¡Adelante!

Cantante – Grupo – Compositor	Melodía acompañada
Martin Codax	Ay Deus se sab'ora meu amigo
John Dowland	Flow to my tears
Claudio Monteverdi	Si dolce è'l tormento
Henry Purcell	When I am laid in earth (*Dido y Eneas*)
Franz Schubert	Gretchen am spinnrade
Giacomo Puccini	Nessun dorma (*Turandot*)
Pablo Sorozábal	Madrileña bonita (*La del manojo de rosas*)
Elvis Presley	Jailhouse rock

Gloria Gaynor	I will survive
Michael Jackson	Thriller

Encontramos también bellísimas melodías acompañadas en la música sacra. Claudio Monteverdi, Heinrich Schütz o Johann Sebastian Bach son algunos de los compositores que dedicaron parte de su creación a este tipo de música. En C. Monteverdi encontramos una expresividad realmente emotiva en «O quam pulchra». H. Schütz impregna de dramatismo su impresionante «Fili mi Absalon» con el acompañamiento de cuatro sacabuches y, por ejemplo, J. S. Bach explora todo el registro de bajo en su cantata BWW 82 «Ich habe genug».

Compositor	Obra
Claudio Monteverdi	O quam Pulchra
Heincrich Schütz	Fili mi Absalon
Johann Sebastian Bach	Ich habe genug

¿Podemos encontrar homofonía en una pieza clasificada como melodía acompañada? Sí. Recuerda el ejemplo de homofonía de Queen: la canción «Somebody to love». Dijimos que los coros cantaban en homofonía, también lo hacen en «We are the Champions» o en «We will rock you», por citar algunas canciones de este grupo.

La música pop y rock está llena de ejemplos de melodías acompañadas con coros homofónicos. Algunos ejemplos podemos encontrarlos en los siguientes grupos y cantantes, y otros de su estilo:

Cantante - Grupo	Obra
Peggy March	I will follow him
Elvis Presley	Can't help falling in love
Los cinco latinos	Tu eres mi destino
The Jackson 5	ABC
Bon Jovi	It's my life

No solo encontramos melodías acompañadas y con coro homofónico en la música pop y rock, sino que este tipo de acompañamiento es una de las principales características de la música gospel, en la que el coro juega un papel fundamental, ya sea como intérprete principal, ya sea intérprete coprincipal, dialogando con la voz solista, o directamente de acompañante, creando el apoyo armónico para que el solista pueda ornamentar su melodía. Un claro ejemplo lo encontramos en el conocido «Oh happy day», o también en «Swing low sweet charriot», en «Good news» o «Free at last», por nombrar solamente algunas.

Las melodías acompañadas no son solo melodías cantadas, acompañadas por instrumentos y/o voces, sino que también encontramos melodías acompañadas interpretadas por instrumentos. Un ejemplo de ellas son los conciertos para instrumento y orquesta, como el *Concierto para violín número 3* de Wolfgang Amadeus Mozart, el *Concierto para dos mandolinas en Sol M.* de Antonio Vivaldi, el *Concierto para trompeta en Mib M,* de Franz Joseph Haydn o piezas integradas en composiciones sean sinfónicas o no, como el «Pas de quatre», del ballet *El lago de los Cisnes*, de Piotr Il'yich Chaikovski; «La llegada de la princesa», de *Un mercado persa* de Elbert William Ketèlbey o el vals de «El elefante», del *Carnaval de los animales* de Camille Saint Saëns.

Obra	Compositor
Concierto para violin. Núm 3	W. A. Mozart
Concierto para dos mandolinas en Sol M	A. Vivaldi
Concierto para trompeta en Mib M	F. J. Haydn
Pas de quatre (*El lago de los Cisnes*)	P. I. Chaikovski
La llegada de la Princesa (*En un mercado persa*)	E. W. Ketèlbey
El elefante (*El carnaval de los animales*)	C. Saint-Saëns

Encontramos también melodías acompañadas en las bandas sonoras de películas como «Gabriel's oboe» de Ennio Morricone, de la película *La Misión* dirigida por Roland Joffé en 1986, la banda sonora de *Misión imposible*, de Danny Elfman y dirigida por Brian de Palma en 1996, o el inolvidable tema de *La Pantera Rosa,* de Henry Mancini y dirigida por Blake Edwards en 1963, y podríamos continuar.

Banda sonora	Película	Compositor
Gabriel's oboe	*La Misión*	Ennio Morricone
Misión Imposible	*Misión Imposible*	Roland Joffé
La Pantera Rosa	*La Pantera Rosa*	Henry Mancini

Así pues, tenemos que los conciertos de un instrumento con acompañamiento con orquesta los podríamos clasificar como melodía acompañada, pero también aquellas piezas musicales en la que una serie de instrumentos tocan la música que nosotros podemos cantar, como por ejemplo *Misión imposible*.

Si recapitulamos, advertimos que la gran mayoría de la música que escuchamos durante el día es polifónica, es decir con varios sonidos que suenan a la vez. Esta música puede estar compuesta con mayor o menor dificultad, pero con el trabajo de las audiciones y el de los ejercicios prácticos propuestos, podemos llegar a saber si escuchamos monodia, polifonía. De la misma manera hemos trabajado el contrapunto, la ho-mofonía y melodía acompañada.

Ejercicio	Identificación de monodia y polifonía

✓ Antes de acabar, te propongo una serie de audiciones en las que deberás decidir si se trata de monodia, homofonía, contrapunto, canon o melodía acompañada. Pon un aspa en la casilla correspondiente. Por cierto, hay un ejemplo de cada tipo.

Autor	Título	Mon.	Hom.	Cont.	Canon	M. Ac.
Wolfgang Amadeus Mozart	Dona nobis Pacem					
Anónimo	Ad te levavi					
Thoinot Arbeau	Belle qui tiens ma vie					
George Frideric Haendel	Cara Sposa					
Orlando di Lasso	Al dolce suon					

¡Ahora ya no habrá textura musical que se nos resista!

4

CÓMO DISTINGUIR AUDITIVAMENTE LA MÚSICA SEGÚN SU FORMA Y SU ESTRUCTURA

Cuando cantamos una canción que conocemos, sabemos lo que musicalmente sucederá. Generalmente recordamos más los estribillos, ya que son la parte que más aparece en la canción, y la estrofa… pues dependiendo de si la canción nos gusta realmente, o no nos gusta tanto, conoceremos toda la letra de las diferentes estrofas o, no; pero, en cualquiera de los dos casos, sabemos cuándo cantar el estribillo puesto que conocemos la forma y la estructura le la canción.

Empecemos a trabajar y a ejercitar el oído: en las siguientes propuestas deberás buscar la estrofa y el estribillo de cada canción y ver cuántas veces se repite cada uno y en qué orden aparecen. En algunas es un poco más difícil, así que… ¡¡adelante!!!! Ah, por cierto, si te vienen unas ganas irrefrenables de cantarlas… ¡¡no te prives!!

Canción	Grupo/ Canante
Si tú me dices ven	Los Panchos
Ni tú ni nadie	Alaska y Dinarama
Born in the U.S.A.	Bruce Springsteen

Oye	Gloria Estefan
Let it be	The Beatles
Eres tú	Mocedades

Una vez realizadas estas audiciones e identificadas las estrofas y los estribillos, las escuchamos de nuevo prestando atención a como la misma música nos conduce hacia uno u otro en la mayoría de los casos. El volumen, la intensidad, el número de instrumentos que tocan o los coros, nos encauzan hacia lo que tendrá que venir. Todas tienen una introducción musical de longitud variable, con interludios musicales en el centro que enlazan unas partes con otras, pero ninguna sigue el mismo esquema exacto que la otra.

En la música existen unos patrones «fijos», entre comillas, que nos permiten conocer o prever lo que puede suceder. Estos patrones son estándar, pero no siempre son seguidos al pie de la letra. Sabemos que una canción sencilla está compuesta solo por estrofas que tienen todas la misma música. Si llamásemos A a cada estrofa, tendríamos una secuencia similar a esta A–A–A–A–A; pero también hay canciones, como las de la tabla de audición anterior, compuestas por estrofas y estribillo, a las que llamaremos A y B respectivamente, y que teóricamente siguen la pauta A-B-A-B-A-B… ¿pero de verdad siguen todas esta pauta? Si no lo has hecho, vuelve a escucharlas y anota en un papel una A cuando suene la estrofa y una B cuando suene el estribillo, y comprueba el resultado. Una cosa es la teoría y otra muy diferente es la práctica.

Bien, sabiendo que no todas las pautas se siguen al 100%, tenemos unas características que son comunes a una gran cantidad de música y que nos pueden ayudar a la hora de escucharla. Conociendo estas pautas, que musicalmente se conocen como estructuras, podremos mejorar auditivamente en el sentido que reconoceremos aquello que hemos escuchado antes, o notaremos la diferencia por tratarse de algo nuevo.

Cada una de las partes de la estructura es contrastante con las demás, ya sea rítmicamente, melódicamente, con la instrumentación, con las intensidades… la cuestión es que nos marcan una diferencia entre una y otra. La más sencilla es la canción estrófica, que tiene una estructura A que se va repitiendo. Muchas canciones tradicionales y populares, así como las canciones narrativas o las infantiles, tienen este tipo de estructura. Aquí tienes unos ejemplos de música estrófica:

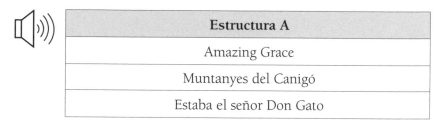

Estructura A
Amazing Grace
Muntanyes del Canigó
Estaba el señor Don Gato

No solo existen formas estróficas en la música tradicional, infantil y narrativas, sino que también encontramos estas estructuras en las composiciones de Franz Schubert, como el lied estrófico «Das Wandern» en el que la estrofa se repite cinco veces. En la música pop encontramos ejemplos en Depeche Mode o en The Cure, por ejemplo. Fíjate que las estrofas de las canciones siguientes nos indican la estructura A-A'. (Muchas de las canciones de The Cure siguen esta estructura):

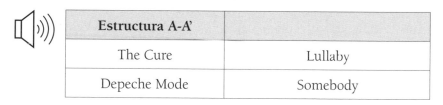

Estructura A-A'	
The Cure	Lullaby
Depeche Mode	Somebody

Una de las estructuras más frecuentes es la que se conoce como binaria, en la que tenemos una sección A que contrasta con la sección B. Aquí podríamos pensar en canciones que tienen un estribillo y que van alternando estrofa y estribillo, es decir A-B. También podríamos incluir aquellas que repiten la primera parte y también la segunda, es decir, una estructura AA-BB.

	Estructura binaria	Intérprete/ Compositor
1	Greensleeves	The King's singers
2	Minuet en Sol M	J. S. Bach
3	Open Arms	Journey

De las audiciones anteriores, una tenía la forma A-A-B-B, otra A-B-A-B y otra A-B-A-B-A-B. ¿A cuál corresponde cada estructura? Escribe en la casilla vacía el número de cada pieza:

Ejercicio:	Indica la estructura de cada pieza

Número	Estructura binaria
	A – A – B - B
	A – B – A – B – A - B
	A – B – A – B

La forma ternaria A – B – A es una de las estructuras más empleadas por la claridad de sus partes, habitualmente muy contrastantes entre sí. Encontramos esta estructura en las arias *da capo*, que fueron la forma más empleada en los oratorios y en las óperas barrocas. La primera parte, que llamaremos A, presenta una línea melódica que contrasta con tempo, ritmo, melodía, instrumentación con la segunda sección llamada B. La forma ternaria acostumbra a acabar con la sección A, en la que generalmente el intérprete realiza alguna variación o ornamentos. Podemos encontrar también estructuras ternarias A – A – B o también A – B – B, o A – B – C, en la que C es una parte contrastante con A y con B.

En algunos manuales encontrarás la tercera sección A o B, en caso que se repita, indicada de la siguiente manera: A' o B'. Ello es debido a que, en esta parte, el intérprete hacía variaciones y ornamentos sobre lo que estaba escrito en la partitura original.

Aunque he puesto de ejemplo la ópera del barroco, encontramos esta estructura ternaria en otras épocas. Por ejemplo, tenemos «El elefante» de la obra *El carnaval de los animales* de Camille Saint-Saëns que presenta esta estructura, así como los minuetos, bailes de moda en el siglo XVIII y XIX, también presentan esta estructura con una parte central B que se conoce como Trío. En las siguientes audiciones tienes algunos ejemplos de estructuras ternarias.

Autor	Pieza	Obra
G. F. Haendel	Domerò la tua fierezza	*Giulio Cesare*
C. Saint-Saëns	El elefante	*El Carnaval de los animales*
L. Boccherini	Minueto	*Quinteto de cuerda. Op. 13*

Debemos recordar que lo que llamamos frase o sección puede ser de longitud muy diversa y tener secciones internas que conocemos como motivos. Por ello, cuando nos referimos a estructuras, generalmente vamos de estructuras mayores a menores. Así, una estructura de una forma binaria o ternaria, puede tener dos o más secciones internas, que son las que llamamos motivos.

Por ejemplo, en la aria «Domerò la tua fiereza» de la ópera *Giulio Cesare*, de G. F. Haendel. Es una típica aria *da capo* con la estructura ternaria A – B – A. Esta aria, cantada por Tolomeo, faraón de Egipto, cuando conoce que su hermana y consorte, Cleopatra, está enamorada de Julio César, tiene dos motivos musicales que conforman la sección A:

▷ «Domerò la tua fiereza ch'il mio trono aborre e sprezza».

▷ «E umiliata ti vedrò».

Aunque la frase musical con el texto de «Domerò» hasta «sprezza» tiene un sentido musical, es de muy corta duración y, si observamos toda la aria en su conjunto, vemos que es uno de los motivos musicales de la sección A.

De este modo tenemos esta aria dividida de la siguiente manera:

Sección	A		B	A	
Motivo	Domerò la tua fierezza ch'il mio trono avorre e sprezza	E umiliata ti vedrò	Tu cual Icaro ribelle somontar brami l'stelle ma quell'ali io t'arperò	Domerò la tua fierezza ch'il mio trono avorre e sprezza	E umiliata ti vedrò

Puedes preguntarme... ¿para qué me sirve todo esto que me estás contando? Verás, como hemos visto, en las repeticiones de secciones es cuando un intérprete realiza unas variaciones propias sobre la sección o frase que está repitiendo. Aquí es donde brilla la creatividad, el ingenio y la técnica de cada intérprete, y es un excelente ejercicio auditivo poder reconocer las ornamentaciones y variaciones realizadas en aquella interpretación. Estas no tienen por qué ser siempre iguales, ni siquiera en los mismos intérpretes. Es como en las improvisaciones del jazz. El intérprete sabe de dónde sale, a donde quiere llegar, con la idea de qué realizar y canta una improvisación u otra, dependiendo del momento, de la conexión con el público etc.

La siguiente imagen no es de una aria *da capo*, sinó de un adagio de la *Sonata núm. 5* de su opus 5 de Arcangelo Corelli. Es la edición que se imprimió en Amsterdam, en la imprenta de Estienne Roger en 1700. En la portada se indica que contiene las ornamentaciones tal y como las tocaba A. Corelli. La partitura consta de tres pentagramas: En el superior tenemos tal y com las tocaba A. Corelli, en el segundo, la escritura de la partitura original de A. Corelli y en el pentagrama inferior tenemos la línea del bajo continuo. Como podemos ver, se tocaban muchas más notas de las que realmente se escribían. En las arias *da capo* sucedía lo mismo y se tomó como costumbre cantar la primera sección tal y como la escribió el compositor, pero al cantar la tercera sección, el intérprete era libre de ornamentar a su gusto. Como hemos podido escuchar en algunas audiciones, y también lo observamos en la partitura de A. Corelli, las ornamentaciones igualmente se realizaban en la música instrumental.

Relacionado con las ornamentaciones que realizaban los intérpretes, te propongo un ejercicio de audición consciente, en el que esta técnica de improvisación será el centro de nuestra atención, ya que deberemos escuchar qué sucede en cada una de las versiones. Verás:

Ejercicio:	Distinguir ornamentaciones

En la siguiente tabla te propongo la audición del aria *da capo* «Lascia ch'io pianga» de la ópera *Rinaldo,* también de G. F. Haendel, cantada por diversos interpretes para que puedas observar y distinguir la ornamentación que realiza cada uno. Todas ellas y ellos son cantantes de primer orden y realizan una bellísima interpretación de la pieza con la que podrás disfrutar de la aportación personal que integran cada uno de ellos a esta bella aria de Haendel.

Pieza:	Lascia ch'io pianga
	Philippe Jaroussky
	Montserrat Caballé
Versión:	Cecilia Bartoli
	Nuria Rial
	Franco Fagioli

Evidentemente, si tienes una aria *da capo* que sea tu preferida y prefieres hacer el ejercicio con ella, no hay ningún problema... o ¡mejor todavía! puedes hacer el ejercicio con las dos arias, así trabajas el doble y profundizarás más en el aprendizaje auditivo.

Ejercicios como el anterior van a ayudarte a discriminar auditivamente una sección de otra, a reconocer una aria *da capo,* a distinguir una estructura ternaria de otra que no lo sea, pero, sobre todo, va a ayudarte a mejorar tu oído musical en el sentido que la escucha consciente hace que profundices en los detalles y te fijes en ellos.

Cuando vamos en tren, o estamos en una sala de espera, pocas veces prestamos atención a lo que está sonando, pero podemos aprovechar estos momentos para aplicar todo lo que estamos trabajando en este libro, por ejemplo, reconocer la estructura, los instrumentos, si hay ornamentos e incluso, reconocer al cantante, al instrumentista o al grupo musical.

Volviendo de nuevo a las estructuras y formas de la música, una de las prácticas más empleadas para ejercitar el ingenio de los compositores eran los temas con variaciones. En ellos, los compositores hacían gala de su imaginación y de su saber creativo. En la estructura del tema con variaciones tenemos una frase o sección A que se repite continuamente, pero siempre con algún elemento cambiado, en el que tanto podía ser el ritmo, como algún elemento de la melodía, o el tipo de acompañamiento... Escucha las doce variaciones que hizo W. A. Mozart sobre el tema «Ah, vous dirai-je maman», es decir, la popular canción «Campanita del lugar»:

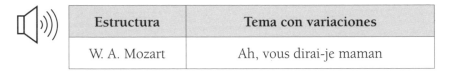

Estructura	Tema con variaciones
W. A. Mozart	Ah, vous dirai-je maman

Una de las composiciones con variaciones de la que se han hecho más versiones es la folía. Jean-Baptiste Lully, Arcangelo Corelli, Antonio Vivaldi, Alessandro Scarlatti, Marin Marais, Carl Phillip Emanuel Bach, Antonio Salieri, Franz Listz, Sergei Rakhmaninov o Manuel Ponce son algunos de los grandes compositores que han dedicado su creatividad a la folía que, como vemos, abarca diferentes estilos y épocas.

La frase musical básica de la folía consta de 8 compases que van repitiéndose constantemente y sobre los que los compositores realizaban sus variaciones:

En la siguiente tabla encontrarás las folías de algunos de estos compositores. Escúchalas e intenta reconocer el tema principal en las diferentes (muchas) variaciones distintas:

Pieza	Compositor
Les folies d'Espagne	Jean-Baptiste Lully
La folia. Sonata XII. Op. 5	Arcangelo Corelli
12 Variationes über die Follies d'Espagne	Carl Phillip Emanuel Bach
La Folia di Spagna	Antonio Salieri
Variations sur un thème de Corelli	Sergei Rakhmaninov

Otros autores se sirvieron del tema principal de la folía, que debemos recordar que era un tipo de danza, para realizar sus composiciones con una intención diferente. Tenemos el ejemplo de Johann Sebastian Bach, que la empleó para musicar su cantata sacra BWV 212 «Mer hahn en neue Oberkeet». Otros compositores, la emplearon también para crear otras danzas en lugar de folías, como Henry Purcell que la adaptó para escribir su «Chaconne in G minor», así como George Frideric Haendel, que hizo lo propio para componer su conocida zarabanda, tan empleada en anuncios publicitarios y en bandas sonoras de películas. En el siguiente ejercicio deberás escucharla y estoy seguro que la reconocerás.

Ejercicio:	¡Son folías!

En las siguientes tres audiciones debes intentar encontrar el parecido musical con el tema de la folía. El ritmo es el elemento clave de unión entre la folía y estas tres audiciones.

Pieza	Compositor
Cantata BWV 212 Mer hahn en neue Oberkeet	Johann Sebastian Bach
Chaconne in G minor	Henry Purcell
Sarabande	George Frideric Haendel

Otra forma simple muy habitual que se conoce como la forma rondó, en la que encontramos una sección que va intercalándose entre secciones completamente diferentes, así por ejemplo una hipotética estructura en forma rondó podría tener las siguientes secciones: A –B – A – C – A – D – A... En el rondó, las secciones B, C, D... son diferentes entre sí y por ello designamos a cada una con una letra diversa de la otra. Esta es la diferencia que podemos encontrar con una estructura binaria A – B – A – B – A... en las que tenemos dos secciones que van repitiéndose. Un ejemplo de rondó lo encontramos en el lied de Franz Schubert «Gretchen am Spinnrade» ('Margarita en la rueca') en el que Schubert realiza diversas analogías entre un círculo, que se asimila al rondó, y la rueca en la que Margarita está hilando. Tenemos el acompañamiento pianístico que imita el sonido de la rueca al girar, pero F. Schubert fue un poco más allá y es que toda la forma del lied en sí mismo es una rueda y, por ello, fue compuesta con la estructura con forma de rondó. Tenemos una textura de melodía acompañada en una estructura en forma rondó.

Estructura	Rondó
F. Schubert	Gretchen am Spinnrade

Estas tres formas o estructuras comentadas se conocen como formas simples, pero ya ves que de simples tienen poco. Hacer veinte variaciones diferentes de un tema, como en alguna de las folías propuestas, un rondó con muchas partes contrastantes, o una aria *da capo* con una bella melodía, no es tarea fácil.

Otra forma de la cual podemos encontrar numerosos ejemplos es la fuga, de la que hemos hablado al tratar la polifonía. En ella se nos expone una frase que conoceremos como sujeto al inicio de la pieza, cantada o tocada por una sola voz. Esta frase o sujeto irá apareciendo a lo largo de toda la pieza en las diferentes voces. Este sujeto ira interpolándose con otra frase musical de tipo secundaria, pero también importante, que es el contrasujeto.

En las fugas más elaboradas, el sujeto puede modificarse de maneras concretas, como la inversión, aumentación, etc. Lo importante para nosotros en este momento es el reconocimiento del sujeto y escuchar cómo este pasa de una voz a otra durante toda la pieza. Buscar este sujeto mientras suena la música exige memoria musical, por lo que además de trabajar tu oído estarás trabajando la memoria musical.

Para introducirnos en la fuga, te propongo dos audiciones de fugas cantadas por un coro a cuatro voces y otro a cinco. La primera audición es el coro de *El Mesías* de G. F. Haendel titulado «He trusted in God». En este coro a cuatro voces encontrarás una frase que los bajos cantan al inicio de la pieza: «He trusted in God that he would deliver him, let him deliver him, if he delight in him». La melodía expuesta en esta frase es la que deberás recordar, puesto que será el sujeto de esta pequeña fuga.

He trus - ted in God that he____ would de - li - ver him; let him de - li - ver him, if he de - light in him,

Verás cómo esta frase va entrando voz a voz y no empieza en la siguiente hasta que la voz que la está cantando no la termina de cantar por completo. A partir de aquí, esta frase irá apareciendo independientemente en una voz u otra. Probemos a escucharla

Forma	Forma
G. F. Haendel	He trusted in God

La siguiente fuga que te propongo es del coro «Sicut locutus est» del *Magníficat* de J. S. Bach, que trata el tema de Abraham y sus generaciones como pueblo de Israel, y que has visto y preparado en el capítulo de las texturas musicales. En ella, al igual que en el ejemplo anterior, podrás escuchar la exposición del sujeto con la voz de los bajos que cantan la frase «Sicut locutus est at Patres nostros», y como esta va entrando progresivamente voz a voz, para luego ir sonando en el cuerpo de la pieza, un total de 41 veces, que son las generaciones habidas entre Abraham y Jesús. En este caso J. S. Bach emplea la exposición y posteriores reexposiciones del sujeto como un simbolismo a añadir al significado del texto. Así la frase a memorizar en esta fuga a cinco voces es la que previamente has marcado con colores en el ejercicio del capítulo de las texturas musicales:

Si - cut lo - cu - tus est ad pa-tres no - - - stros,

Como vemos, este sujeto es mucho más corto que el ejemplo anterior del «He trusted in God» de G. F. Haendel. Pasemos a la audición de la fuga Sicut locutus del *Magnificat* de J. S. Bach. Intenta concentrarte en escuchar las diversas entradas de esta frase a lo largo de toda la pieza. Para la audición, debes tener en cuenta que hay versiones que van muy rápidas, por lo que será, quizás, un poco más dificultoso. Por ello es aconsejable que escojas una versión con un tempo medio. ¡Adelante!!!

Forma	Fuga
J. S. Bach	Sicut locutus est

¿Qué tal ha ido? Seguro que muy bien. Solamente por haber podido escuchar alguna de las entradas de las dos fugas anteriores, este ejercicio ha valido la pena. Es momento de recordar que la práctica lo es todo y que cada logro, por pequeño que sea, siempre es un gran avance. Y en la música, todo es práctica: Práctica para poder tocar un instrumento, práctica para poder cantar, práctica para poder leer, pero también práctica para escuchar.

Te voy a contar una cosa que me pasa cada vez que me compro un CD o un vinilo y que está relacionada con la práctica de escuchar. Al principio de ponerlo, las primeras veces, solamente me gusta la canción que he oído por la radio, pero a medida que voy escuchando los demás temas, me acaba gustando todo el CD o el LP, e incluso algún tema me gusta más que el que sonaba por la radio ¿a ti no te pasa lo mismo? Esto se debe a la práctica de la escucha. Cuando más escuchamos una pieza varias veces, más la vamos conociendo. Nuestra memoria musical nos permite recordar cuándo entrará tal o cual instrumento, cuándo llegará el clímax de la canción, cuándo el cantante hace una respiración, un desgarre en la voz o el chasquido de la cuerda de la guitarra. Además, nuestra memoria musical nos permite relacionar si esta canción se parece a aquella de aquel otro cantante o compositor, si tiene influencias de Tal o Cual, etc… es decir, la conocemos y vamos sacando ideas y conclusiones. Todo ello se debe también al desarrollo de nuestro oído musical, pero, sobre todo, de la práctica de la escucha. Sin ella, es muy complicado sacar estas conclusiones o el conocimiento de la canción a un nivel tan profundo.

El libro *El Clave bien temperado*, de Johann Sebastian Bach, contiene fugas de todo grado de dificultad. Te propongo un ejercicio de canto interior para que te ayude a escuchar las diferentes veces que aparece el sujeto, cantando una parte de él.

Forma	Fuga
J. S. Bach	*Clave Bien Temperado 1. Fuga 1. Do Mayor*

Primero debes escuchar cómo la melodía hace esto al inicio de la exposición:

Pa pa pa pám parapá.

Cantar estas onomatopeyas musicales te pueden ayudar a encontrar las diferentes entradas del sujeto en esta fuga, y aunque el sujeto es más largo, estas notas son la clave para encontrarlo:

¿Te animas a escucharla entera? El truco de entonar las primeras notas puede ayudarte tanto en esta, como en el resto de fugas que escuches. Además, todas empiezan del mismo modo: Una voz sola expone el sujeto y luego este pasa por todas las voces una a una, para luego moverse libremente de una voz a otra. Una vez reconozcas una fuga, el funcionamiento será similar. Recuerda, pero, que la fuga es una forma mucho más compleja que encontrar el sujeto. Este sujeto puede estar invertido, con notas más largas, más cortas… Realmente el mundo de la fuga es apasionante… lleno de misterios y secretos ocultos para que el oyente los descifre ;-)

Seguidamente veremos someramente unas estructuras o formas mayores, que están compuestas de varias piezas cada una:

◗ Concierto.

Siempre está dedicado a uno o más instrumentos solistas que tocan acompañados por una orquesta.

Consta de tres movimientos diferenciados entre sí:

• Rápido: Suele llevar nombres como Allegro, Presto, Allegretto… que indican el tempo o velocidad a tocar.

• Lento: Adagio, Largo, Andante...

• Rápido: Allegro, Presto...

◗ Sonata.

Está pensada para dos o más instrumentos, como violín y piano, o para instrumento solo. Una de las diferencias con el concierto es que el acompañamiento no lo realiza una orquesta sino el mismo grupo de instrumentos para los que ha sido compuesta la sonata. Un ejemplo lo tenemos en las Trío sonatas de Arcangelo Corelli compuestas para dos violines y un violonchelo las sonatas para violín y clave de Johann Sebastian Bach o el quinteto de viento Arnold Schoenberg.

Otra de las diferencias entre la sonata y el concierto es que una sonata consta de tres o cuatro movimientos o partes, e incorpora un movimiento de danza:

• Rápido

• Lento

• Danza, habitualmente un minueto

• Rápido

▶ Sinfonía

Está pensada para una orquesta. En ella, la orquesta funciona en bloque como un instrumento en sí misma y, aunque hay pequeños momentos solísticos, en general todos los instrumentos juegan un papel de igual importancia.

La sinfonía consta de cuatro movimientos:

• Rápido

• Lento

• Danza, habitualmente un minueto

• Rápido, en forma de rondó en forma de sonata

De este modo, cuando escuchemos una música por la radio o televisión, podremos saber si se trata de un concierto, una sonata o una sinfonía según si tiene solos importantes para uno o varios instrumentos, lo que nos hará pensar que nos encontramos ante un concierto; o, si todos los instrumentos son importantes por igual, pero es una pequeña formación o es un instrumento con piano quien está tocando, pensaremos que se trata de una sonata y, si por el contrario, es una gran orquesta la que está sonando sin solos de un instrumentista principal que destaque sobre la propia orquesta, podremos creer que se tratará de una sinfonía.

5

CÓMO SUENA LA MÚSICA
DE LOS DIFERENTES
PERIODOS Y ESTILOS

Cuando consultamos un libro que trata la historia de la música, vemos que esta historia se nos presenta dividida según los términos adoptados de las mismas épocas utilizados en la historia del arte. Como comentaba anteriormente, tenemos tendencia a clasificarlo todo, pero no siempre es tan fácil. Como siempre, las cosas no son blancas o negras, sino que entremedio hay múltiples matices de gris.

Un ejemplo lo encontramos en la controversia que generó discusiones y enfrentamientos escritos entre Giovanni Maria Artusi y Claudio Monteverdi. Artusi defendía lo que él consideraba el auténtico modo de componer, la *Prima Pratica,* y Claudio Monteverdi defendía la *Seconda Pratica* en un alegato en la introducción a su *Quinto libro de madrigales* (1605). Uno creía en los cánones compositivos hasta el momento, y el otro defendía un nuevo uso que generó un nuevo estilo compositivo, el cual fue el germen de la música barroca. Aquí encontramos, pues, dos compositores coetáneos que realizaban sus creaciones bajo diferentes preceptos compositivos: Artusi, los provenientes de la música del Renacimiento y Monteverdi, los que dieron origen a la música del Barroco.

Ligado a la música barroca, este otro ejemplo también puede servirnos: se ha estipulado el fin de la música barroca en el año 1750, año de la defunción de Johann Sebastian Bach. Evidentemente esto no significa que no se compusiera según las normas o los gustos de la época barroca en fechas y años posteriores: George Frideric Haendel murió en 1759, nueve años después que Johann Sebastian Bach, es decir, de la fecha tope del barroco. Asimismo, encontramos composiciones en estilo clásico en fechas anteriores al fallecimiento de Johann Sebastian Bach. Es el caso de compositores como Carl Philipp Emanuel Bach, que componía usando otros preceptos diferentes a los de su padre. En su época, Carl Philipp llegó a ser mucho más reconocido y valorado que su padre Johann Sebastian Bach, cuyo estilo se consideraba anticuado y poco moderno.

El ejemplo de uno de los compositores más reconocidos, como es Ludwig van Beethoven, también nos puede servir. En muchos manuales encontramos a Beethoven junto a Wolfgang Amadeus Mozart y a Franz Joseph Haydn como uno de los exponentes del Clasicismo. En otros manuales, L. V. Beethoven es el precursor del Romanticismo, olvidando su parte «clásica». En fin, Beethoven tuvo una formación que se basaba en la música que se realizaba en su época de aprendizaje, pero con el tiempo, la práctica, la creatividad y el ingenio, fue evolucionando sobre estos aprendizajes y técnicas iniciales para buscar nuevos elementos que pudiera incorporar a sus composiciones, abriendo nuevos caminos con un gran abanico de posibilidades a los compositores posteriores. Así pues, tenemos a un compositor que empieza según una técnica y unas reglas, las del Clasicismo, y que acaba por hacer algo nuevo y que da pie a un nuevo estilo, el Romanticismo. Podríamos considerarlo como un compositor evolutivo, mientras que otros mantuvieron esas reglas compositivas aprendidas como un dogma que no se podía transgredir.

Como vemos, no podemos tomarnos las fechas como un muro que separa un antes y un después, sino que son aproximativas: una obra compuesta por Carl Philipp Emanuel Bach, como la*Württemberg Sonatas Sonata in B minor* de 1742-44, no es una obra de estilo barroco. Una obra de G. F. Haendel, por ejemplo, el oratorio *Jephtha* de 1752, es completamente barroca.

En el siguiente ejercicio de audio, escucha estas dos composiciones. De *Jephtha*, escucha la obertura del Acto I. Entrarás en el más puro estilo haendeliano. Este tipo de sonoridad es la típica de las oberturas de G. F. Haendel, que se conocen como «a la francesa». Después escucha la *Sonata en B minor* (si menor) de las *Wüttemberg Sonatas* de C.P. E. Bach.

Debemos recordar que la sonoridad de la sonata de C. P. E. Bach es más moderna que *Jephtha* de G. F. Haendel, pero que fue compuesta diez años antes, con otras ideas compositivas. Más adelante ya veremos las diferencias de cada estilo.

Compositor	Título	Estilo	Año
G. F. Haendel	*Jephtha. Obertura Parte I*	Barroco	1752
C. P. E. Bach	*Wüttemberg Sonatas. Sonata en B minor*	Galante (Preclásico)	1742-1752

Así pues, vamos a trabajar el reconocimiento de una serie de características que nos permitirán distinguir auditivamente o, al menos, aproximarnos a determinadas épocas. En las formas de componer encontramos las normas vigentes de cada época conjuntamente con los gustos musicales que imperaban en ella. Por ejemplo, en la Edad Media se bailaban unas danzas que pasaron de moda cediendo el paso (nunca mejor dicho) a otras danzas que, a su vez, volvieron a pasar de moda al llegar nuevas danzas de otros lugares con otros movimientos y ritmos, variando de estilo y formas hasta nuestros días. La evolución ha sido progresiva adaptándose a los gustos de la sociedad, e incluyendo los avances técnicos en los instrumentos y los nuevos métodos compositivos de los autores.

En el siguiente diagrama veremos cronológicamente las principales épocas en las que se suele dividir la historia de la música, sabiendo que siempre hay un *Pre-Tal* y un *Post-Cual* como C. P. E. Bach, que lo situaríamos a caballo entre el Barroco y el Clasicismo.

A continuación, escucharemos diferentes formas de componer que nos pueden ayudar a distinguir una música de una época o de otra, puesto que no suena ni es igual la música que se componía en el siglo XV con la del siglo XVIII.

¿Cómo puedo saber que estoy escuchando música medieval?

La música medieval tiene unas particularidades tímbricas y acústicas que hacen que suene diferente a la música de otras épocas. Con particularidades tímbricas me refiero al tipo de sonido, y como particularidad acústica, al tipo de escalas que se utilizaba, que son diferentes al que estamos acostumbrados. Se empleaba la música modal y actualmente empleamos la música tonal. Cuando la escuchamos, lo primero que nos viene a la mente es pensar que suena a antiguo. Esto se debe a que nuestro oído es tonal por experiencia. Con ello me refiero a que, desde que nacemos, estamos rodeados de música tonal por todas partes: en el tren, en las salas de espera, en el coche, en la televisión... a no ser que sea uno mismo quien decida escuchar otro tipo de música, ya sea modal (como la medieval) o atonal (perteneciente al s. XX).

Bien, la música modal está basada en un sistema de escalas muy diferente al sistema que estamos acostumbrados. No existen las tonalidades, es decir, ni Re Mayores ni Mi menores, etc. Existen los Modos, que son: Protus, Deuterus, Tritus y Tetrardus, que, a su vez, se subdividen cada uno en Auténtico o Plagal. En total, vemos que son 8 los tipos de Modos diferentes. No te preocupes, no voy a entrar en la teoría de cada uno ya que no es la finalidad de este libro. Lo explico para entender el porqué nos suena a antiguo, o diferente.

 Verás que hay muchas versiones de música medieval con instrumentos. Algunas tienen flautas, timbales, tambores, fídulas[3], rabeles, arpa, laúdes, chirimías[4]... pero el acompaña-

---

3 Las fídulas y los rabeles son instrumentos de arco anteriores a las violas y a los violines.
4 Las chirimías son instrumentos de viento parecidos a la dulzaina, pero más largos.

miento es libre en el sentido que estas piezas no indican qué instrumentos las interpretaban, por lo que depende del gusto de cada ejecutante. Lo mismo sucede con algunas versiones que realizan largas introducciones musicales. No debemos olvidar que es una reinterpretación de lo que pudo haber sido, basada en fuentes escritas e iconográficas que nos muestran grabados, miniaturas y pinturas de músicos, cantantes, danzantes, los lugares donde se tocaba…

Escucha varias versiones de los siguientes temas del *Llibre vermell de Montserrat* y entra en su sonoridad. Encontrarás versiones a voces solas, otras que integran los instrumentos a las voces, y otras solo con instrumentos. Las originales son con canto, por lo que te recomendaría que primero escuchases las que contienen instrumento y canto o solo canto. Aunque son piezas de tema Mariano dedicados a la Virgen de Montserrat, no formaban parte de la liturgia, sino que las cantaban y danzaban fuera de la iglesia, los religiosos y los peregrinos que visitaban el monasterio montserratino. Así pues, podemos pensar que los instrumentos variaban cada vez, y que el canto era animado pues acompañaba las danzas. Por ejemplo, el canto «Los set gotx» es un *ball redón*, es decir que se bailaba en grupo formando un círculo.

Empecemos:

Obra	Piezas
Llibre vermell de Montserrat	Stella Splendens
	Los set gotx
	O Virgo splendens

Una vez escuchadas diferentes versiones de cada una, vamos a profundizar:

▷ La canción «O virgo Splendens» es una pieza que acostumbra a interpretarse solo vocalmente. Es uno de los primeros cánones de los que se tiene constancia y en él podemos escuchar diferentes elementos:

✓ En el inicio, cuando es a una voz, podemos escuchar el tipo de melodía, que nos recuerda al canto gregoriano. Los intervalos (distancia entre las notas) no son muy grandes, es decir que no encontramos notas muy separadas. Esta es una de las características de la música vocal de esta época:

O ———————————————————————— Vir – go

✓ Si la versión que escuchas es fiel al original, podrás escuchar cómo se despliegan las voces en forma de canon. La armonía que surge con la combinación de las dos o tres voces (depende de la versión) es una sonoridad irrepetible en ninguna otra época, por lo que cuando escuchemos algo parecido sabremos que se trata de música medieval.

Ejercicio:	Reconocer instrumentos

▶ Marca los instrumentos que escuches en las diferentes versiones de cada tema:

	Stella Splendens	Los Set Gotx
Flauta		
Piano		
Percusión		
Clarinete		
Trompeta		
Fídula		

Verás que hay instrumentos que no suenan en ninguna de las versiones que hayas visualizado o escuchado. Esto tiene un sentido lógico: el piano y el clarinete todavía no habían sido inventados, y la trompeta tenía un uso heráldico y militar y no formaba parte de agrupaciones musicales de entretenimiento de esta época. Vemos, pues, que la instrumentación que acompaña a las voces puede ayudarnos a reconocer de qué época es la música que estamos escuchando siempre que sea una interpretación historicista, es decir, intentando recrear lo más fiel posible lo que fuera en su tiempo. Las interpretaciones de música medieval acostumbran a ser historicistas y emplean copias instrumentos musicales del medioevo, muchos de ellos recuperados gracias a las miniaturas con imágenes de músicos que adornan las *Cantigas de Santa María* de Alfonso X «El Sabio», o del Portal de la Gloria de la Catedral de Santiago de Compostela, entre otros.

En la siguiente tabla encontrarás los instrumentos más habituales en la música medieval. No he incluido los de percusión, ya que se multiplican las posibilidades, pero los principales son tambores, panderos, tejoletas (antecesoras de las castañuelas) … todos ellos de diferentes medidas y sonoridades.

Gaita   Psalterio   Zamfoña

Rabel   Fídula   Cítola

Sugerencias de ampliación:

▶ Para trabajar la sonoridad y poder distinguirla más adelante, escucha las versiones de *Las Cantigas de Santa María*, de Alfonso X el Sabio. Recuerda que las originales tienen texto, por lo que, igual que en el ejercicio anterior, es recomendable que escuches las versiones que contengan canto e instrumento.

▶ Aplica la tabla de reconocimiento auditivo de los instrumentos que hemos trabajado en la audición del *Llibre Vermell de Montserrat*.

▶ Si en las versiones que escuchas ves instrumentos nuevos, busca información y estudia vídeos de cada uno por separado para poder distinguir su sonido.

▶ Prueba a escuchar las composiciones del Códice Calixtino, y la música de Leonin y Perotin, dos maestros de capilla parisienses.

▶ Demos un paso más: La música de los trovadores y troveros. Estos últimos escribían lengua d'Oil, es decir, en francés:

- Martín Codax

- Bernat de Bertadorn

- Giraud Riquier

- Chrétien de Troyes

- Guillaume de Machaut

▶ Para finalizar la inmersión en la sonoridad medieval, escucha a un compositor de gran importancia del s. XIV, Guillaume de Machaut.

¿Cómo puedo saber que estoy escuchando música renacentista?

La música renacentista más interpretada es la música vocal proveniente de la música sacra (misas, oficios, salmos, vísperas), o de la música de los cancioneros como el de Uppsala, De Palacio, el de la Colombina etc.

Le sigue la música instrumental recogida en los tratados instrumentales, especialmente de los dedicados a los instrumentos de cuerda como los de vihuela y también la música para grupos de ministriles. Así pues, dividiré esta sección con estas tres subsecciones:

◗ Música sacra

◗ Música palaciega

◗ Música instrumental

En el Renacimiento encontramos mucha polifonía que, como hemos visto y trabajado anteriormente, se refiere a música a distintas voces para canto. Aún nos encontramos en la sonoridad de los modos (algunos autores emplean la palabra «tonos»), pero su sonoridad respecto a la música medieval es muy diferente. En esta época se empleaba un sistema compositivo conocido como Contrapunto, con unas normas establecidas sobre cómo debía componerse o, como algunos autores señalan, cómo no debía componerse. En el contrapunto encontramos que las diferentes voces, habitualmente cuatro o cinco, aunque pueden ser más, van desarrollando su línea melódica de manera que todas son importantes en algún momento de la pieza. Es casi imposible encontrar piezas para ser cantadas en las que predomine una sola voz y las demás se dediquen a cantar un acompañamiento haciendo con sonidos tipo *la lalala* o *nu nu nuuuuuu*. En esta época encontramos también bellísimas canciones acompañadas con instrumento de cuerda pulsada como el laúd o la vihuela (antecedente de la guitarra).

La escritura de la música polifónica nos ofrece un gran abanico de posibilidades que maestros como Giovanni Pierluigi da Palestrina, Tomás Luis de Victoria, Francisco Guerrero, Antonio de Cabezón, Luys de Narváez, Josquin des Prez, John Dowlan, Guillaume Duffay, Thomas Tallis o Clément Janequin, entre muchos otros, exploraron y llevaron a su máximo esplendor.

Como ejemplo de polifonía sacra te propongo escuchar una misa de G. P. da Palestrina, la *Misa Papae Marcelli*, una misa a seis voces compuesta el año 1555.[5] En esta misa, Palestrina musicó los textos del Or-

---

5 Algunos académicos fechan esta misa en 1562, cuando fue copiada en un manuscrito procedente de Santa María la Mayor, en Roma.

dinario de la misa, que son aquellos cantos que no varían el texto según
el día, la festividad o el calendario litúrgico (los que varían son los cantos del Propio de la misa). Los cantos de esta audición hacen referencia
al «Kyrie», al «Gloria», al «Credo», al «Sanctus» y al «Agnus Dei». La
mayoría de composiciones para misas realizan la música de estos cinco
textos, los del Ordinario.

Para esta audición te aconsejo que escojas·una en la que no se canten introducciones en canto gregoriano, puesto que lo que nos interesa
trabajar es la polifonía. En You Tube encontrarás versiones en las que se
puede seguir la partitura. Si tienes nociones de música escrita, esta puede ser también una buena opción para seguir la audición, ya que irás
siguiendo las seis voces, observando, además de escuchar, los movimientos melódicos, las entradas….

Compositor	Obra	Piezas
G. P. Da Palestrina	*Missa Papae Marcelli*	Kyrie
		Gloria
		Credo
		Sanctus
		Agnus Dei

Otra propuesta es la audición del *Magnificat Primi Toni,* a 8 voces de
Tomás Luís de Victoria.

Compositor	Obra
Tomás Luis de Victoria	Magnificat Primi Toni

Conjuntamente con la audición de la *Missa Papae Marcelli*, habrás
entrado en la sonoridad de las catedrales en la época del Renacimiento,
las cuales gozaban de una capilla musical para cantar y tocar en las diferentes celebraciones. Estas capillas estaban compuestas por hombres
y niños, puesto que las mujeres no podían cantar en la iglesia. La docu-
mentación nos ha dejado muestras sobre la competición de las catedrales más insignes para poder tener en su capilla al cantante más conocido
o al compositor más preciado como maestro de capilla.

Las capillas musicales tenían también instrumentistas. Órganos y arpas compartían espacio con agrupaciones de instrumentos de viento que se conocían como ministriles. Los instrumentos más habituales eran las chirimías, los cornetos, los sacabuches y los bajones, que conjuntamente a la capilla vocal, se encargaban de trasladar a un ambiente místico a los feligreses presentes en los oficios religiosos. Esta música con la luz que atravesaba las cristaleras, junto al olor de cera de las velas y la del incienso, conmovían los ánimos de los feligreses y conseguían transportarlos a un ambiente místico, ya que algo tan maravilloso no podía ser maléfico.

En la siguiente propuesta de audición te sugiero que escuches la sonoridad de los ministriles. Te propongo dos agrupaciones integradas por grandes maestros: *Los Ministriles de Marsias* y *Les Saqueboutiers de Toulousse*. Aquí el trabajo consiste en que cierres los ojos y te traslades en el tiempo gracias a la sonoridad de este tipo de agrupaciones. Empápate, sumérgete en ella. Seguro que disfrutarás. Si tienes ocasión, ve a sus conciertos. Es una experiencia tan gratificante para los sentidos que no la olvidarás.

Agrupación	Álbum
Ministriles de Marsias	*Trazos de Ministriles*
Les saquebutiers de Toulousse	*L'art de la saqueboute et du cornet à bouquin*

El ambiente creado por la sonoridad de estos instrumentos era muy propicio para las celebraciones religiosas. Los ministriles también musicaban procesiones fuera del templo, tanto de tipo religioso como civil. Hay numerosas pinturas que muestran a los ministriles tocando en estas procesiones. Las chirimías son de la familia de las dulzainas, y tienen diferentes tamaños. El corneto es un instrumento curvo, de madera, pero con la boquilla con forma de copa, que es la que utilizan los instrumentos de viento metal como la trompeta. Los sacabuches funcionan como los trombones, con una vara que el intérprete prolonga o acorta dependiendo de las notas que deba tocar. Los bajones y bajoncillos son instrumentos provenientes de la Península Ibérica y su forma era como la de los fagotes, pero mucho más cortos. No todas las agrupaciones tienen estos instrumentos, ni el mismo número de instrumentistas. Lo mismo sucedía en el Renacimiento. Había catedrales que tenían una capilla musical muy completa, otras en cambio, una más modesta, y algunas tenían solamente un bajón para acompañar el canto de los salmos. Como hemos comentado anteriormente, no todo estaba estandarizado y existían múltiples soluciones entre el blanco y el negro.

La música que producían estos instrumentos se conocía como música alta o *alta capella* debido al volumen de sonido que producían. Esta era también la formación habitual para amenizar las danzas palaciegas. Los instrumentos conocidos como bajos por el volumen de su sonido, no por su tesitura de agudo o grave, se empleaban para la música más íntima y privada, que era interpretada en pequeños salones para el goce y disfrute de uno o pocos oyentes más.

Madrigales, villancicos (que no son navideños), *chanson*, eran el tipo de piezas preferidas de este selecto público. Eran canciones profanas y que podían cantarse en grupo o a solo, acompañándose con algún instrumento de cuerda. Hasta nuestros días, han llegado numerosos cancioneros y recopilaciones de estos tipos de piezas que se interpretaban en la corte y en las casas nobles. Las piezas de los cancioneros como el de Uppsala, que perteneció al duque de Calabria, del Cancionero de Palacio, que posiblemente perteneció a los Reyes Católicos, piezas como *Mille Regretz*, de Josquin Desprez, que es recordada como la canción preferida del emperador Carlos V, las obras de John Blow o de Thomas Tallis, son interpretadas habitualmente en las salas de concierto de todo el mundo.

En el cancionero de Uppsala encontramos piezas en gallego, catalán, castellano y latín. Escuchemos unas cuantas piezas de este cancionero para poder reconocer el tipo de sonoridad de la música de divertimiento. En este caso se trata de villancicos, un tipo de composición muy habitual en ésta época. En nuestros días llamamos villancicos a las composiciones de tema navideño, pero, en el Renacimiento, los villancicos eran un tipo de canciones con estribillo, que luego, con el tiempo pasaron a denominar a las canciones de ámbito navideño.

Obra	Piezas
Cancionero de Uppsala	Si n'os huviera mirado

	Bella de vos som amorós
	Riu riu chiu
	Si la noche haze escura

Como podemos advertir con su escucha, estas canciones tenían un aire más lúdico, algunas son de tema amoroso y tratan del enamoramiento y del sufrir por amor. Otras tienen un aire más fresco, como «Riu riu chiu», que en este caso es de tema navideño.

Entre música sacra y profana había intercambios ente los dos registros. Es lo que se conoce como *contrafacta*: a una línea melódica se le pone un texto diferente al propio. Así podemos encontrar piezas sacras con textos completamente profanos, incluso picantes: y al revés, encontramos melodías que se han popularizado y que han entrado en la iglesia y han adoptado un texto religioso. Un ejemplo lo tenemos en la misa *L'Homme Armé* de G. P. da Palestrina o la misa *Mille Regretz*, de Antonio de Cabezón.

Ejercicio:	Comparar partituras

✓ Este ejercicio es de reconocimiento, primero visual para poder pasar al auditivo. El primer fragmento es el inicio de la canción francesa «L'Homme Armé», que se hizo muy popular en el Renacimiento:

L'homme, l'homme, L'homme ar- - - mé. L'homme armé

Fíjate en las notas que están encuadradas:

Sol – sol – do´ – do´ – si – la – sol

y en el ritmo:

Largo – corto - Largo – corto- corto-Largo – Largo

Bien, fíjate en los primeros compases de las cinco voces del «Kyrie» de la *Missa L'homme Armé* de G. P. a Palestrina y verás que en las voces de soprano (pentagrama superior), en la del tenor del tercer pentagrama, que empieza a cantar al final, en la del tenor del cuarto pentagrama y en la del bajo (pentagrama inferior) coinciden tanto las notas como el ritmo. Esto no es para nada casual. Es un tipo de misas que se hacían en la época. La voz de contralto (segundo pentagrama) canta la misma melodía y ritmo, pero transportada a la quinta nota: lo que es un Sol en la melodía original, para las contraltos es un Re; lo que es un Do' en el original para ellas es un Sol... Un recurso compositivo muy frecuente como veremos más adelante.

Lo único que G. P. da Palestrina ha modificado ha sido las notas de la contralto, que ha transportado a una quinta, y doblado los tiempos, manteniendo la secuencia rítmica *Largo – corto – largo – corto – corto – largo – largo* y, mediante las técnicas compositivas de la polifonía y el contrapunto, ha conseguido crear una pieza de música sacra con la base de una canción popular. El resto de partes de la misa contienen también fragmentos de la canción original. Es lo que se llama *contrafacta* y que vemos y escuchamos en muchos programas de humor tanto en la televisión como en la radio.

✔ En el siguiente ejercicio te propongo la audición de diferentes versiones de «L'Homme Armé». Emperezaremos con el original para continuar con las misas *L'Homme Armé* de G. P. da Palestrina y de G. Dufay. De estas misas te propongo la audición de la primera parte de la misa, el «Kyrie», que es el que hemos visto en la partitura, pero si escuchas todas las partes, mucho mejor. Entrarás en la sonoridad de la polifonía y del contrapunto del Renacimiento, la *Prima Pratica* que G. M. Artusi defendía ante las nuevas ideas compositivas representadas por C. Monteverdi, la *Seconda Patica*, como hemos visto al inicio de este capítulo.

Pieza: L'homme Armé	
Autor anónimo	Canción popular. (Original)
G. P. Da Palestrina	Missa L'Homme Armé. 1- Kyrie
Guillaume Dufay	Missa L'Homme Armé. 1- Kyrie

Otro ejemplo lo encontramos con la *chanson* «Mille Regretz», atribuida a Josquin Desprez, y a J. Lamaire:

Esta es la partitura en notación actual de la pieza de Josquin Desprez;

Y este, el tenor en el «Kyrie» de la *Misa Mille Regretz* de C. de Morales, a seis voces:

Como podrás observar, las notas son exactamente iguales y lo único que cambia es el texto, que pasa de ser profano a sacro. Lo mismo sucede con las dos voces de soprano, primero en la entrada de la segunda voz y, posteriormente, en la entrada de la primera voz. Al igual que en la *Missa L'Homme Armé*, existen diferentes versiones del tema original. En el siguiente ejercicio te propongo la audición de la *chanson* «Mille Regretz» tal y como la escribió J. Desprez y, posteriormente, la audición de la versión para vihuela, de Luys de Narváez y el «Kyrie» de la missa *Mille Regretz* de Cristobal de Morales.

Pieza: Mille Regretz	
Josquin Desprez (Autor)	Canción a 5 voces
Luys de Narváez	Pieza para Vihuela
Cristobal de Morales	Misa Mille regretz. 1- Kyrie

Ejercicio:	Reconocimiento mediante la audición

✓ No es fácil el ejercicio que te propongo. Para poder realizarlo es necesario que escuches de forma muy atenta y varias veces la pieza original de Desprez, para después escuchar atentamente el «Kyrie» de la misa de C. de Morales sobre esta *chanson*. Sé que no es fácil, pero escucha con atención el inicio de las voces agudas, a ver si puedes reconocer la melodía que suena, que está basada, como hemos visto, en la pieza de Desprez. La cuestión es ¿reconocerías la melodía de «La Macarena» de Los del Río, con un texto sacro? Seguro que sí ya que «La Macarena» es un tema que ha sonado muchísimo y rápidamente lo reconocemos al escuchar las primeras notas. En el Renacimiento sucedía lo mismo con canciones como «Mille Regretz» o «L'Homme Armé». Los asistentes a las celebraciones litúrgicas en las que se cantaron estas misas reconocían la melodía del tema popular, al igual que nos sucedería a nosotros con cualquier canción superconocida: «Black is Black», «Thriller», «Yesterday»...

En YouTube hay vídeos de esta misa con indicaciones de las partes de la pieza original sobre la partitura, que va cambiando a medida que avanza la música. Son muy visuales y pueden ayudarte en este ejercicio de audición.

✓ En este ejercicio te propongo lo mismo que en el anterior, pero con la adaptación del tema para vihuela de Narváez. Trata de reconocer la versión original en el sonido de la vihuela. Para ello recuerda que deberás escucharla varias veces.

Con estos ejercicios estás trabajando el reconocimiento auditivo de diferentes versiones de la misma pieza. Al principio puede ser dificultoso, pero cuanto más escuches y analices, más estará mejorando tu oído musical. Piensa que todos los ejercicios propuestos son extrapolables a otros ejemplos, por lo que los puedes adaptar a tu propio gusto, pero recuerda que con las audiciones propuestas estás trabajando los objetivos concretos del capítulo; en este caso, el reconocimiento del estilo de diferentes épocas a través del sonido de su música. Recuerda, cuanta más música escuches, mucho mejor.

En las siguientes imágenes podrás observar las partituras originales del s. XVI. Si te fijas en las notas de la edición de «Mille Regretz» realizada por J. Lamaire (1533) y de la de C. Morales (1540) verás que las dierencias son muy pocas. Algún punto tras una nota, una blanca en lugar de negra... En la tercera imagen verás cómo era la escritura para instrumentos de cuerda, que se conoce como tablatura. En este caso, es la de la pieza «Mille Regretz» en la versión de Luys de Narváez (1538).

Fragmento de la partitura de soprano de «Mille Regretz», de J. Lamaire (1533).

Fragmento de la partitura de soprano de la misa «Mille Regretz», de C. Morales (1540).

Fragmento de la tablatura para vihuela de «Mille Regretz», de L. Narváez (1538).

No todas las composiciones del Renacimiento estaban realizadas con el contrapunto, sino que, como vimos en el capítulo dedicado a las texturas musicales, también se componía con homofonía, es decir, todas las voces llevando el mismo ritmo, con alguna pequeñísima diferencia en las últimas notas de cada frase que sirven para marcar la cadencia. Vuelve a escuchar el ejemplo de Juan del Encina con la pieza «Señora de Hermosura» y fíjate que las cuatro voces dicen el texto a la vez. Eso es homofonía. Si fuera polifonía en contrapunto, cada voz diría el mismo texto en momentos diferentes, como el inicio de la *chanson* «Mille Regretz».

Homofonía	**Señora de Hermosura (Juan del Encina)**

En YouTube encontrarás un vídeo de esta pieza en el que la partitura va avanzando a medida que lo hace la música. Esto puede ayudarte, aunque no sepas solfeo. Fíjate que hay las cuatro voces una puesta sobre la otra, y cómo el texto es el mismo en cada voz en cada momento. Es un claro ejemplo de homofonía.

Encontramos también cierto número de tratados y libros de piezas para instrumentos de cuerda tales como el laúd o la vihuela, la antecesora de la guitarra actual: Valderrabano, Luys de Millán... Se han conservado manuscritos y libros impresos que contienen un gran número de danzas típicas de esa época. Estas danzas están basadas en una melodía y un bajo que va repitiéndose durante toda la pieza.

Estaban las Bajas Danzas y las Altas Danzas. La Baja Danza era como se conocían aquellas en las que los danzantes realizaban pasos a ras del suelo, y la Alta Danza eran aquellas en la que se hacían pequeños saltos y puntapiés. En el primer Renacimiento encontamos la danza tipo *joiós*, la morisca, o la carola, que venían del medioevo. A finales del siglo XVI surgieron nuevas danzas, las cuales vivieron su esplendor en el barroco del siglo XVII. Danzas como la pavana, el passamezzo, la courante, la gallarda, la folía o la gavota tienen un elemento común, que es esa base rítmica común en cada tipo de danza y que viene dada por la voz y los instrumentos graves o, en caso de ser un solo instrumento polifónico como el laúd, por las notas de las cuerdas graves. Esta base rítmica de la danza es constante durante toda la pieza y los danzantes conocían los pasos a realizar, aunque la melodía fuera diferente, puesto que la danza se bailaba igual, a no ser que hubiera una coreografía específica para determinada danza.

En la siguiente propuesta de audición no se pretende que aprendas a distinguir los diferentes tipos de danza, pero sí que escuches y te dejes llevar por sus sonidos. Escucha con atención y piensa cuándo moverías los pies, si lo harías rápido, lento, cuándo crees que acaba un periodo y vuelve a empezar de nuevo, etc. Con ello profundizarás en la escucha de los tiempos o compás sin tener que estar contando Un-dos-tres o Un-dos-tres-cuatro, aunque estaría bien que también lo hicieras. ¿Has bailado alguna vez el vals o el pasodoble, o las lentas de la discoteca? Estoy seguro que sí. ¿Te dejaste llevar por la música o contaste mentalmente los tiempos? Recuerda que las dos opciones son válidas. Contar los tiempos ayuda en el aprendizaje, pero una vez conocidos los tiempos de la danza, lo mejor es dejarse llevar, ¡pero sin equivocar el paso! He incluido el tipo de compás. Los compases subdivididos, es decir, binarios con sección ternaria en su interior, los he indicado como ternarios para facilitar su comprensión. El tempo es orientativo, pues hay courantes más rápidas que otras, por ejemplo.

Danza	Tempo	Compás
Pavana	Lento	Binario
Gallarda	Vivo	Ternario
Saltarello	Vivo	Ternario
Courante	Moderado	Ternario
Folía	Rápido	Ternario
Gavota	Moderado	Binario

Sugerencias de ampliación: Piensa si las piezas que escuchas son en polifonía en contrapunto (diferentes voces que siguen sus líneas melódicas con diferentes ritmos entre ellas), o homofonía (diferentes voces que siguen el mismo ritmo y cantan todas a la vez). Si es posible, busca vídeos en los que puedas seguir la partitura para poder ayudarte a distinguir entre contrapunto y homofonía. Posteriormente, realiza los mismos ejercicios de audición solo con la música, intentando entender por qué es contrapunto u homofonía.

▷ Puedes completar esta parte dedicada al Renacimiento escuchando música de Juan del Encina, como su emotiva «Triste España sin ventura», escrita con motivo del fallecimiento del Infante Don Juan, hijo de los Reyes Católicos. Otras piezas de Juan del Encina que puedes escuchar: «Ya no quiero tener fe», «Más vale trocar», «Hoy comamos o vivamos».

▷ Las piezas contenidas en el Cancionero de Palacio y el cancionero de la Colombina son una muestra de la música de la época de los Reyes Católicos. Son cancioneros con piezas bellísimas, por lo que te recomiendo su audición.

¿Cómo puedo saber que estoy escuchando música barroca?

Al principio de ese capítulo hemos hablado de la controversia entre Giovanni Maria Artusi y Claudio Monteverdi. El primero defendía las técnicas compositivas vigentes hasta el momento, lo que se conoce como *Prima Pratica* y que eran las reglas de la polifonía y el contrapunto, tan características del Renacimiento, las cuales hemos escuchado en la música de Giovanni Pierluigi da Palestrina, Tomás Luis de Victoria, Cristóbal de Morales y Josquin Desprez. Todos ellos son el máximo exponente de esta técnica compositiva.

La música, no obstante, es un arte viva y en constante evolución. Fruto de ello fueron las nuevas ideas compositivas que surgieron a caballo entre el siglo XVI y el XVII. Algunos de los compositores que exploraron esta nueva manera de componer, la *Seconda Pratica*, fueron Claudio Monteverdi, Jacopo Peri, Sigismondo d'India o Giulio Caccini, entre otros. Estos compositores estaban vinculados a las academias culturales, bien como miembros, como Jacopo Peri, o bien como sirvientes de algún miembro, como Claudio Monteverdi. Estas academias o *camertas*, como también eran conocidas, eran reuniones de personas con diferentes inquietudes culturales, históricas, filológicas y filosóficas que estudiaban y discutían sobre estos temas. Especialmente importantes fueron la *Camerata* Fiorentina de Florencia, o la *Academia degli Invaghiti* en Mantua. En ellas estudiaron cómo debió ser el teatro y la música en el mundo clásico de la Antigua Grecia y Roma. Llegaron a la conclusión que las obras se recitaban cantando, es decir: no se declamaba el texto, sino que se entonaba una cantilena para expresarlo. Fruto de sus investigaciones fueron las nuevas piezas que surgieron y que se consideran las primeras óperas, como la *Euridice* de J. Peri- G. Caccini del año 1600 o *L'Orfeo* de C. Monteverdi de 1607. También aplicaron su nueva técnica a canciones con textos poéticos de Petrarca, Guarini, Tasso... produciendo bellísimas canciones y madrigales. El título de uno de los libros de estas canciones de G. Caccini, publicado el año 1602, es significativo: *Le Nuove Musiche*. Música Nueva... otras ideas, otros conceptos estéticos emergían en la música. Nacía la música barroca.

Ejercicio. Escucha estas piezas e intenta encontrar diferencias con las que hemos escuchado de G. P. Da Palestrina, C. Morales o Desprez.

Solamente escucha y analiza. En el siguiente ejercicio volveremos a realizar la audición de estas piezas, pero intentando escuchar los puntos que te indico. En la música barroca también encontramos el contrapunto imitativo, pero con el añadido del bajo continuo.

El bajo continuo no significa que estuviera el contrabajo tocando continuamente, sino que es toda una sección de instrumentos graves o con tesitura que les permite hacer notas graves: Clavicémbalo, arpa, viola de gamba, violonchelo, laúd, tiorba[6] e instrumentos de viento como el fagot o el bajón hispano formaban esta sección tan importante para la música barroca.

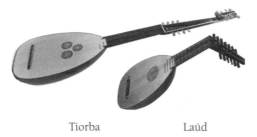

Tiorba　　　　　　　　Laúd

El compositor acostumbraba a escribir la línea del bajo continuo y los instrumentistas que la tocaban, interpretaban y creaban los acordes, basados en la línea escrita por el compositor, según su gusto. En la siguiente imagen verás una partitura de canto con bajo continuo, pero si la escuchas, verás cómo en el acompañamiento no está sonando una sola nota, sino varias. Es el intérprete quien ha escogido hacer estas notas y no otras, siguiendo las indicaciones del compositor. Un bello ejemplo que nos muestra el bajo continuo en la *Seconda Pratica* es la canción *Amarilli mia bella*, del libro *Le Nuove Musiche* de G. Caccini, impreso en Florencia el 1602:

6 La tiorba es un instrumento con el cuerpo muy parecido al laúd, pero de mayores dimensiones. Posee una veintena de cuerdas y un mástil recto muy largo, que abarca de los 50 a los 80 cm.

◁)))	Bajo contínuo	Amarilli mia bella. G. Caccini

Vimos que la música del Renacimiento generalmente se basaba en la polifonía y el contrapunto imitativo, es decir, a groso modo, cada voz es semindependiente de las demás, podríamos pensar en líneas horizontales con sentido propio, pero que conjuntamente suenan a la perfección, como hemos podido escuchar. La música barroca tiene su esencia en la armonía, en la música vertical de los acordes. El bajo es la base de esta música y por ello es tan presente en las composiciones de este periodo. Los instrumentos polifónicos como el laúd, el clavicémbalo o el arpa interpretaban el bajo y los acordes, y los monódicos, los que solo pueden emitir una nota como el fagot, realizaban la línea melódica del bajo.

Vuelve a escuchar el canon de J. Pachelbel. La instrumentación era para tres violines y bajo continuo. Escucha diferentes versiones, verás que siempre son tres violines o tres grupos de violines, pero la parte del bajo la interpreta un violonchelo solo; en otras, un clavicémbalo, en otras un violonchelo y un clavicémbalo, en otras lo encontrarás con órgano, otras con todos estos instrumentos y tiorba o laúd... lo importante es el bajo. En el caso del canon de Pachelbel son siempre ocho notas que la voz grave o baja va interpretando una vez detrás de otra. Esto sucede también con las danzas, que como hemos visto cuando hemos tratado de ellas en el Renacimiento, el bajo marcaba el ritmo a seguir y, por tanto, el tipo de danza a bailar. Otras piezas tenían un bajo continuo que iba variando según progresaba la pieza.

◁)))	Bajo contínuo	Canon (J. Pachelbel)

Otro elemento útil para reconocer la música del barroco es la técnica de la *messa di voce*. La música de Claudio Monteverdi, Arcangelo Corelli o Antonio Vivaldi están llenas de ejemplos. ¿En qué consiste la *messa di voce*? Es interpretar las notas largas de la manera más expresiva posible. En la próxima propuesta de audición, prueba a escuchar las notas largas, y cómo va incrementando la intensidad del volumen de forma gradual, para reducirlo casi al final de la nota. La aplicación de esta técnica conlleva el incremento de intensidad expresiva. En términos musicales es un *crescendo* muy largo que va de *Piano a forte* (o *mezzoforte*, según el gusto del intérprete), seguido de un *diminuendo* que conduce de nuevo al *piano*.

Arcangelo Corelli, un violinista muy reconocido en la Roma del siglo XVII, recibía a muchos instrumentistas de arco para integrarse en su orquesta. La prueba que les hacía no era ver cuantas notas podían hacer por segundo (una de las preguntas más frecuentes entre los alumnos de conservatorio de hoy en día), ni hacer notas súper agudas. Su prueba consistía en hacer la nota más larga y expresiva posible. Ello exigía un completo control del arco, con lo que A. Corelli valoraba la capacidad del músico para poder interpretar sus composiciones. La técnica de la *messa di voce* también se aplicaba al canto. Un bellísimo ejemplo es el aria «Alto Giove» de la ópera *Polifemo* de Nicola Porpora. Escucha la primera nota vocal en la versión de Simone Kermer o Philippe Jaurossky. Es un claro ejemplo de aplicación de la *messa di voce,* que en el caso vocal exige un perfecto control del apoyo y del *fiato*, es decir, del control de la emisión del aire, para producir un sonido bello.

Autor	Obra	Pieza	Agrupación
A. Corelli	*Sonate da camera a tre. Op. 2 n. 1*	1er mov. Preludio	2 Violines y bajo continuo
A. Corelli	*Trio Sonata Op. 3 n. 2*	1er mov. Grave	2 Violines y bajo continuo
N. Porpora	*Polifemo*	Alto Giove	Voz y orquesta barroca

La música barroca está llena de madrigalismos e imitaciones de acciones y elementos. Los madrigalismos son un reflejo musical del contenido del texto. Por ejemplo, cuando en el texto se trata el cielo y el infierno, las notas del cielo son agudas, y las del infierno graves. También cuando uno sube, por ejemplo, hacia el sol, suben las notas musicales. Cuando uno desciende, las notas también lo hacen. Un bello ejemplo es la canción de Bárbara Strozzi «Lagrime mie». Fíjate en la partitura original de la edición de Venecia de 1658 cómo la compositora describió el llanto con notas descendentes en la palabra *lagrime*:

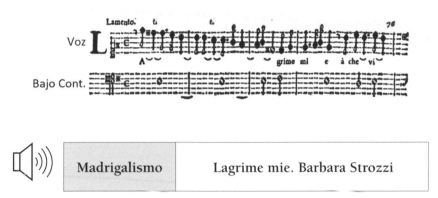

| 🔊 | **Madrigalismo** | **Lagrime mie. Barbara Strozzi** |

Otro ejemplo es la aplicación de las disonancias: cuando la música habla de dolor, de heridas de amor, de muerte, sangre o llagas, en el caso de música sacra, los compositores escribían disonancias entre las voces, es decir notas con distancia de segunda como un Do y un Re, o un Fa y un Sol, por ejemplo, en el momento de cantar este texto tan doloroso tanto para el cuerpo como para el alma.

En el siguiente ejercicio de audición te propongo algunos ejemplos de disonancia en la música de Claudio Monteverdi, Dietrich Buxtehude o Antonio Vivaldi. D. Buxtehude no es uno de los compositores más conocidos, pero si escuchas su música, se te convertirá en un imprescindible. Su obra *Membra Gesù Nostri* es un conjunto de cantatas (piezas para ser cantadas). Cada una de ellas está dedicada a una de las heridas de Jesucristo crucificado. Es una obra de belleza excepcional, de la que te propongo «Qui sunt plagae iste», que se refiere a las heridas de las manos provocadas por los clavos. Fíjate en la música en el momento de decir *plagae,* o sea: llagas. Aquí encontramos disonancias para marcar este dolor.

Vivaldi, con su música completamente expresiva, consigue crear una atmósfera inquietante uniendo las disonancias con la *messa di voce*

en el preludio de la Sonata 1 en sol menor. Consigue crear la sensación
que estás atrapado, que te falta el aire… que quieres salir o escapar de
algo… Escúchalo y lo podrás sentir.

L'Arianna es una de las primeras óperas de Claudio Monteverdi y se
conserva incompleta. El coro que te propongo escuchar sucede en el
momento que Teseo ha abandonado a Arianna en la isla de Naxos y ella
quiere morir de amor. Fíjate en el sonido de la U cuando canten la frase:
«In così DURA sorte», o en la duración de la A de *GRAN*. Fíjate en la
melodía de «Lasciatemi morire», hacia la parte del final, como va des-
cendiendo en todas las voces como una cascada.

Autor	Obra	Pieza
Dietrich Buxtehude	*Membra Gesù nostri*	Qui sunt Plagae
Antonio Vivaldi	*Sonata 1. Sol menor*	1er mov. Preludio
Claudio Monteverdi	*Lamento d'Arianna*	Lascitemi morire

En *Il combattimento de Tancredi y Clorinda*, de Claudio Monteverdi se
pueden encontrar muchísimos madrigalismos y elementos imitativos, a
parte de elementos de la retórica. En esta obra, de unos 20 minutos de
duración, la música refleja el trote de los caballos, el chasquido de las
espadas al chocar entre ellas, el golpeteo de estas sobre los escudos,
incluso el movimiento de los cantantes. Por ejemplo, cuando Tancredi
desciende de su caballo y el personaje Narrador lo canta, la melodía
musical también desciende.

-sar   ca- val- lo   e   scen- de

Lo mismo sucede al final de la obra, cuando Clorinda muere en
brazos de Tancredi, por ejemplo. En aquel momento ella ve abrirse el
Cielo para que su alma ascienda a él. Mientras canta el texto de esta
acción, la melodía también es ascendente.

Los madrigalismos no son solo un elemento en la música escena o cortesana, sino que también los encontramos en la música sacra y en los oratorios. En el *Mesías* de G. F. Haendel podemos encontrar una gran cantidad también de ejemplos. En el caso del coro «Glory to God». Las voces agudas cantan en una tesitura alta el texto siguiente «Glory to God in the Highest» ('Gloria a Dios en las alturas'), a esta frase le responden las voces graves «And peace on Earth» ('y paz en la Tierra') evidentemente cantando notas muy graves. La melodía musical nos dibuja el Cielo y la Tierra con la interpretación del texto a diferentes alturas. Otro ejemplo contenido en el *Mesías* de G. F. Haendel lo encontramos en el aria para bajo «The People that walked in darkness» ('La gente que caminaba en la oscuridad'). No es casual que G. F. Haendel escogiera la voz más grave para cantar este texto. La melodía que canta el bajo, al principio es muy sinuosa, como si uno vagara más que caminara, con notas muy graves. Pero al final de esta sección esta gente que deambulaba en la oscuridad vio una gran luz. Aquí G. F. Haendel hace subir la tesitura del bajo a notas más agudas, para realizar el ornamento sobre *light* ('luz').

Un juego musical con cierto sentido del humor en forma de imitación, también lo encontramos en el *Mesías* de G. F. Haendel en el coro «All we like sheeps» ('Todos parecemos ovejas'). Aquí aparecen ornamentos sobre la palabra *turned* en la parte en la que el texto dice que dábamos vueltas como ovejas. Además de este pequeño toque de humor, Haendel puso el ornamento justo sobre la vocal «u», que se pronuncia como una e neutra, es decir entre a y e, con lo que se consigue, si la interpretación de los cantantes es precisa y articulada, la imitación de los balidos de las ovejas. Algo han hecho los conocidos como grandes compositores para sobresalir a los demás ¿verdad?

We have tur - - - - - - - - - - - - - - - - - - - ned

He de reconocer que la siguiente audición que te propongo es fácil de escuchar la primera vez. Es *Il combattimento di Tancredi e Clorinda*. Puedes prepararte antes de realizar la audición. En Internet encontrarás gran cantidad de material referido al texto. Durante la audición puedes ayudarte del texto para ver los sitios donde ocurren las imitaciones y los madrigalismos. También en IMSLP.org encontrarás partituras de acceso abierto. Con ellas, aunque no sepas solfeo, podrás seguir el movimiento de la melodía sobre el texto y ver estos madrigalismos a la vez que los escuchas.

Autor	Obra	Pieza
G. F. Haendel	*El Mesías*	Glory to God
G. F. Haendel	*El Mesías*	All we like sheep
C. Monteverdi	*Il combattimento di Tancredi e Clorinda*	

En la época barroca se creó la opera. Al principio era solo un espectáculo que se realizaba esporádicamente y siempre vinculado a una corte o a un noble adinerado, puesto que eran producciones muy caras y pocas veces se representaban más de una vez. Ejemplos de estas óperas son la *Euridice* de Jacopo Peri – Giulio Caccini del año 1600, y *L'Orfeo* de Claudio Monteverdi, del año 1607. En Francia, y ligadas a la corte, tenemos las óperas de Jean-Baptiste Lully como su *Armide* (1686) y, en España, *Amor aumenta el valor* (1728) de José de Nebra, entre otras.

La ópera comercial, como la que tenemos hoy en día, surgió en Venecia a mediados del s. XVII. Las funciones se repetían muchas veces y podía asistir todo aquel que pudiera pagar una entrada acorde a su nivel social. La platea era baratísima comparada con hoy en día. Sin sillas, estaba destinada a los más humildes donde recibían, de vez en cuando, la monda de una naranja o algún que otro escupitajo y todo lo que se nos ocurra que pudiera caer desde los palcos. Estos palcos, eran de propiedad o alquiler, y estaban destinados a los nobles y señores. Cuánto más importantes, más al centro.

La ópera se convirtió en el espectáculo por excelencia y en el fenómeno social de la época. Todo el mundo asistía a la ópera. Es la época dorada de los divos y divas. En ella, los castrados fueron los grandes protagonistas de las óperas y composiciones de la época. Las piezas compuestas para ellos están repletas de ornamentos, a los que posteriormente ellos añadían los de su propia creación, y de grandes líneas expresivas que les permitían poder mostrar al máximo tanto sus capacidades técnicas como interpretativas.

En las óperas barrocas triunfaron las arias *da capo*, en las que había varias secciones, generalmente dos: una que llamamos A, y otra B, que contrasta en melodía y rimo con la primera. Las primeras arias *da capo* eran muy largas, con numerosas repeticiones tanto de la sección A como de la sección B. Posteriormente se regularizó y las arias *da capo* establecieron la estructura fija ABA', tal como vimos en el capítulo dedicado a las formas musicales. En esta forma existe una primera parte o frase A, la parte contrastante B, y una frase o sección A', que es la repetición de la primera con los ornamentos que el intérprete quisiera añadir para embellecer la composición. Las *arias da capo*, junto con los recitativos, son la base de las óperas barrocas. En los recitativos sucede la acción y la música se adecua a la declamación del texto. En las arias *da capo*, la acción no avanza si no que se canta sobre una idea o un suceso: abandono, enamoramiento, venganza...

Encontramos un gran número de arias *da capo* en la música barroca, compuestas por todos los compositores que se dedicaron al mundo escénico, es decir a la ópera. Las arias, más que los recitativos, eran el centro de atención musical de la ópera, y durante las cuales, los castrados, principalmente, y las sopranos, podían hacer gala de sus capacidades técnicas y expresivas. Ellos eran los amos de los escenarios de toda Europa, excepto en Francia, donde no gozaron de mucha popularidad. Incluso había peleas entre los fans de un castrado y otro, para defender a su idolatrado cantante.

De la misma manera, el público llegaba a marcharse una vez escuchaba a su castrado preferido cantar su aria más conocida, sin esperar al final de la ópera. Los compositores operísticos estaban a merced de los caprichos tanto de castrados como de sopranos, los cuales llegaban a incluir arias de otro compositor y que nada tenían que ver con el argumento, pero que eran su pieza estrella. Hoy en día estas piezas son interpretadas por contratenores, sopranos y mezzosopranos; y gracias a ellos podemos revivir esta parte musical del barroco.

En la siguiente propuesta de audición encontrarás diferentes arias *da capo*. Te animo a que las escuches con atención y puedas identificar sus diferentes secciones. Piensa que esas secciones pueden ser más largas en una aria que en otra.

Autor	Obra	Pieza
G. F. Haendel	*Rinaldo*	Lascia ch'io pianga
	Giulio Cesare	Domerò la tua fierezza
	Giulio Cesare	Piangerò la sorte mia
A. Vivaldi	*Tito Manlio*	Di verde ulivo
J. de Nebra	*Amor aumenta el valor*	Adiós, prenda de mi amor

Los oratorios suplían a las óperas cuando estas no podían representarse, según la época del calendario litúrgico en que nos encontráramos, por ejemplo, a partir de Carnaval, en el período de Cuaresma y Pascua. El argumento mitológico o de historia antigua se cambiaba por vidas de personajes bíblicos, una especie de musical hagiográfico como podría haber sido *Jesucristo Superstar* (A. Ll. Weber-T. Rice) en el año 1971.

La música de los oratorios no difería en absoluto de la empleada en las óperas. Recitativos y arias *da capo* se sucedían explicando la vida de un personaje u otro, excepto en *El Mesías* de G. F. Haendel, que no tiene una trama argumental en sí, con personajes, sino que está realizado con extractos bíblicos ordenados de manera que el oyente encuentre la vida, la Pasión y la muerte-resurrección de Jesucristo. G. F. Haendel fue un gran compositor de oratorios entre los que destacan *El Mesías, Esther, Samson, Jephte, Israel en Egipto* o *Judas Maccabeus*, entre muchos otros.

En la siguiente tabla encontrarás algunos de los números de los oratorios más conocidos de los principales compositores de este género:

Autor	Obra	Pieza
G. F. Haendel	*Judas Maccabeus*	See, the Conqu'ring Hero Comes!
	El Mesías	Confort Ye
	El Mesías	The trumpet shall sound
	El Mesías	But who may abide
	El Mesías	How beautiful are the feet

| G. Carissimi | *Jephte* | Plorate filii Israel |
| A. Vivaldi | *Juditha Trumphans* | Agitata infido flatu |

⚠ Las cantatas y las pasiones de J. S. Bach no son oratorios al uso como los de Haendel o Vivaldi, que se interpretaron en teatros como el Covent Garden de Londres (Handel) o en los Ospedali (Vivaldi). En el caso de J. S. Bach, se trata de una música profundamente devota dedicada al servicio litúrgico luterano. En ellas Bach muestra su capacidad compositiva y su buen hacer del artesano musical del siglo XVIII. Haendel y Vivaldi demuestran su capacidad también creativa y su buen hacer de compositor artesano, como J.S. Bach, pero también de compositores más comerciales, ya en el siglo XVIII. La concepción de los oratorios handelianos es, entonces, diferente de la de las pasiones y cantatas de J. S. Bach. Conviene, pues, diferenciar la música sacra dedicada al oficio litúrgico como el *Dixit Dominus* de G. F. Haendel o el *Gloria* o misas de A. Vivaldi, interpretadas formando parte de las celebraciones eucarísticas o de otros oficios religiosos, de sus composiciones de oratorios.

En relación a lo expuesto en el punto anterior, no podemos pasar por alto la cantidad de música sacra compuesta en la época barroca. Las composiciones de A. Vivaldi, G. F. Haendel y, por supuesto, J. S. Bach, junto a C. Monteverdi o G. Carissimi, entre muchos otros, son obras de primer orden compuestas bajo los cánones típicos de la época barroca. Encontramos siempre el uso del bajo continuo como elemento principal de sustentación de la melodía, la *messa di voce* en las interpretaciones de notas largas, los madrigalismos y las imitaciones típicas de esta época. Asimismo, el uso de las disonancias en palabras clave, siempre referidas a momentos dolorosos, son un elemento importante para dar el dramatismo a las obras que lo necesitan.

Autor	Obra	Pieza
J. S. Bach	*Jesu Meine Freude*	Jesu Meine Freude
	Cantata 106	Heute wirst du mit mir im Paradies sein
	Magnificat	Quia respexit
A. Lotti	*Credo*	Crucifixus
A. Vivaldi	*Gloria*	Et in Terra Pax
G. Carissimi		Surgamus eamus
C. Monteverdi	*Vespro della Beata Vergine*	Dixit Dominus

Te propongo que hagas un ejercicio auditivo con las audiciones de las óperas, de los oratorios y de la musca sacra. En ellas encontraras *messa di voce*, arias *da capo* y disonancias y madrigalismos. Para ello puedes ayudarte de vídeos en los que la partitura avanza conjuntamente con el texto. Aunque no sepas solfeo puedes ver leer el texto y ver si las notas suben o bajan, por ejemplo.

	Ejercicio	**Reconocimiento de patrones de la música barroca**

✓ ¿Qué piezas son arias *da capo* tipo ABA'?

✓ En los coros *Plorate Filii Israel,* de G. Carissimi, y *Crucifixus*, de A. Lotti, hay varias disonancias. Fíjate en las entradas del coro *Crucifixus*. ¿Sobre qué palabra escuchamos estas disonancias: *Crucifixus* o *nobis*?

✓ Yo te he propuesto la audición de «Et in terra pax», del *Gloria* de Vivaldi. Esta pieza en sí es un madrigalismo. Escucha la primera pieza, el Gloria. Escucharás que es más dinámica, más enérgica y más aguda. El texto: «Gloria in excelsis Deo», hace referencia a la Gloria de Dios en el Cielo, y la respuesta es la pieza «Et in terra pax», ('Y en la tierra paz a los hombres de buena voluntad') con una línea melódica en sentido descendente.

✓ El aria del *Mesías* «The trumpet shall sound» hace referencia al momento del Juicio Final, cuando todos resucitaremos. Aquí, Haendel compuso la melodía del texto «The trumpet shall sound» en sentido ascendente.

✓ En cambio, fíjate en el coro «Crucifixus», la única parte conservada del Credo de A. Lotti. La última frase dice «Et sepultus est». Y va en sentido descendiente. En esta época, no podría haber sido de otra manera.

En el barroco también se interpretó mucha música instrumental, tanto sacra como profana. Conservamos las sonatas *da chiesa* de A. Corelli o las suites de J. S. Bach. Una suite es un conjunto de danzas y fueron muy populares en su época. Algunas de ellas se incorporaron del Renacimiento, pero otras son de nueva implantación como el minué. ¿Recuerdas el aria *da capo* «Laschia chi'io pianga» de la ópera *Rinaldo* de G. F. Haendel? Antes de convertirse en una de sus arias más celebradas, en su origen fue una danza, en concreto una zarabanda, de su ópera *Almira*, compuesta unos años antes que *Rinaldo*. Prueba a escuchar centrándote en el ritmo del bajo continuo, de los instrumentos graves, e intenta desplazarte por el espacio en el que te encuentres siguiendo este ritmo de balanceo lento: Zam-zam-pausa, zam-zam-pausa, zam-zam-pausa… hasta el final. ¡He aquí tu primera zarabanda!

No solo se componían piezas para bailar, sino que también para escuchar, como el *Concerto fatto per la notte di Natale* de A. Corelli, o *La música para los Reales Fuegos de Artificio*, de G. F. Haendel con la que musicó la celebración londinense del Tratado de Paz de Aquisgrán de 1748. He aquí uno de los primeros piromusicales de la historia. La *Música Acuática*, también de G. F. Haendel, compuesta para ser interpretada en las barcazas reales durante los paseos fluviales de la corte en el Támesis. Ambas composiciones de G. F. Haendel contienen danzas.

El minué, o minueto,[7] se convirtió en una de las danzas más musicadas del Barroco y del Clasicismo. Su ritmo ternario y sus movimientos elegantes hicieron de él la danza por excelencia, convirtiéndose en el rey de los salones. Todos los compositores barrocos que conocieron el

---

7 En este caso me referiré a Minué como la danza, y como Minueto al movimiento de las sonatas del Clasicismo y del Romanticismo.

minué, lo desarrollaron en sus composiciones. J. S. Bach lo emplea, además, como lección para aprender a tocar el clave en su obra *Ana Magdalena Bach*. G. P. Telemann y G. F. Haendel lo incluyeron en sus suites o J. B. Lully en sus óperas. El minué compartía las suites de danza con zarabandas, gigas, gavotas, chaconas, alemandas... pero ninguna de estas danzas tuvo tanto éxito como el minué.

En el siguiente ejercicio te propongo que escuches con atención, al igual como lo has hecho en el aria «Laschia chi'io pianga», para escuchar el bajo de zarabanda. Encontrarás diversos minués y la propuesta de escuchar una sonata *da camera* para violín y bajo continuo de A. Corelli en la que podrás escuchar diversas danzas. A. Corelli fue muy famoso en el barroco y en épocas posteriores y su música llegó a España gracias a los instrumentistas italianos de la corte. De A. Corelli también te propongo que escuches su concierto compuesto para ser interpretado en la noche de Navidad. En la catedral de Jaca encontramos obras de A. Corelli adaptadas al órgano.

Estas audiciones te permitirán trabajar los diferentes tipos de aplicaciones de las danzas en la época barroca: En libros de estudio de aprendizaje como el libro de Ana Magdalena Bach; en obras escénicas como las óperas de Lully, en música para ser escuchada, como el concierto de A. Corelli, o para ser danzadas, como las sonatas *da camera*, también de A. Corelli. Lo ideal sería que escuchases toda la suite completa para distinguir las diferentes danzas. No hace falta que sepas al instante si es una gavota o una alemanda, pero sí que distingas que se trata de diferentes danzas con diferentes ritmos, en la que el bajo continuo marca el ritmo típico de cada danza.

Autor	Obra	Pieza
J. B. Lully	*Alceste*	Menuet
J. S. Bach	Álbum para *Anna Magdalena Bach*	Menuet 1 y 2
G .P. Telemann	*Suite Re mayor*	Menuet 1 y 2

A. Corelli	*Opus V. Sonata X*	Preludio, Alemanda, Zarabanda, Gavota y Giga
A. Corelli	Concerto Grosso Sol m. Op. 6 n. 8 Fatto per la notte di Natale	Contiene 6 movimientos contrastantes y muy expresivos.

Antes de acabar esta parte dedicada a reconocer auditivamente la música barroca quisiera recomendarte que escuchases de manera consciente mucha música, ya que en el libro solo hay algunas audiciones que permitirán hacerte una idea general, pero la práctica lo es todo. Si puedes escuchar más sonatas de A. Corelli, por ejemplo, los libros de madrigales de C. Monteverdi, las cantatas de J. S. Bach, o *El Mesías* de Haendel, mucho mejor. Piensa que hoy en día hay muchísimos recursos a nuestro alcance que pueden ayudarnos:

✓ Vídeos con partituras que se desplazan siguiendo la música. Permiten ver madrigalismos, cuando canta una voz u otra, etc.

✓ Vídeos con orquestas y cantantes que interpretan las piezas en directo. Pueden ayudarte a ver los instrumentos empleados y cómo se tocan.

✓ Vídeos con danzantes que bailan diferentes danzas y te permiten ver los diferentes movimientos y cómo varían de una a otra.

✓ Páginas de información sobre los compositores e instrumentos musicales.

✓ Páginas con los textos en lengua original y/o su traducción en español.

✓ Vídeos subtitulados al español.

✓ Sobre todo, asistir a cuantos más conciertos mejor. Infórmate de cuáles hacen en tu población o ciudad.

¿Cómo puedo saber que estoy escuchando música del Clasicismo?

En la música del Clasicismo no encontraremos efectos como la *messa di voce*, ni un uso de disonancias tan pronunciado y ni el empleo del bajo continuo, característico del Barroco. La voz de instrumentos graves que sustenta la armonía desaparece y no se aplica de la misma manera. Los instrumentos graves pierden su preponderancia y se integran con los demás instrumentos para crear la armonía que acompañará una melodía. Ante la diversidad de tipos de música instrumental barroca: Sonatas, trío sonata, concerto grosso, concierto, tocata, sinfonía... se establecen una serie de paradigmas que fijarán las características de la forma sonata que, junto a la sinfonía y al concierto para instrumento solista y orquesta, serán algunas de las principales formas de composición instrumental del Clasicismo y del Romanticismo.

Se crean nuevos instrumentos y algunos entrarán en desuso. La familia de las violas de gamba, tan empleadas en el Renacimiento y en el Barroco, serán sustituidas por la familia del violín en la mayoría de zonas europeas, aunque en las Islas Británicas su uso fuera más continuado y conviviera con los instrumentos pertenecientes a la familia del violín. Los instrumentos dedicados a la interpretación del bajo continuo, y debido a la desaparición de su aplicación en las composiciones, como la tiorba, o el laúd, entrarán también en un cierto desuso.

Por otro lado, otros instrumentos se modifican debido a las nuevas necesidades y exigencias compositivas, así, el antiguo Chalumeau, se modificará, añadirá llaves para poder hacer más notas y originará un instrumento nuevo, el clarinete. Se cree que el primero en fabricar un clarinete fue Johann Christoph Denner antes de 1710. Mozart escribió el concierto en La m para este instrumento, el cual habrás podido escuchar en el capítulo dedicado al timbre de los instrumentos, en 1791.

De la misma manera, se hacían experimentos con los instrumentos de tecla para poder conseguir un instrumento más potente, que pudiera hacer dinámicas de forte y piano y notas más largas. Se sabe que Bartolomeo Cristofori, al menos en el año 1700, ya había fabricado un instrumento que él llamaba arpicembalo, y que fue el precursor del piano actual que, como todos los instrumentos musicales, ha ido sufriendo modificaciones a lo largo del tiempo hasta llegar al instrumento que nosotros conocemos, siendo sus antecesores, el fortepiano y, posteriormente, el pianoforte, que fueron los instrumentos estrella del Clasicismo y, especialmente, del Romanticismo. El piano conseguirá desbancar a todos los instrumentos de su género. Clavicémbalos, espinetas y clavicordios cederán poco a poco el paso al piano.

Si bien es cierto que, como te he comentado anteriormente, según los instrumentos que interpretan una obra podemos pensar que se trata de una época u otra, esto solo es fiable si se trata de una interpretación historicista. Debemos ser cautos a la hora de pensar, pues, que toda la música que escuchemos interpretada al piano, o con clarinete sea como mínimo del Clasicismo en adelante. No siempre es así. Recuerda la primera audición del capítulo dedicado al timbre de los instrumentos. Allí pudiste escuchar y discernir la misma obra de Johann Sebastian Bach, el *Preludio 1 de la obra Clave bien temperado*, interpretada tanto al piano como al clavicémbalo. Pianistas de primer orden interpretan cada año las piezas de Johann Sebastian Bach en los auditorios más importantes de todo el mundo. De la misma manera, existen maravillosas grabaciones de sus obras en piano, que compiten con aquellas de clavicémbalo.

El Clasicismo es la época de las cientocuatro sinfonías de Franz Joseph Haydn y de las sonatas de Wolfgang Amadeus Mozart, de la música de camera de Luigi Boccherini y de las primeras composiciones de Ludwig van Beethoven. En sus composiciones, y en las de los músicos contemporáneos a ellos, se elimina toda artificiosidad y la música adquiere una sencillez aparente. Digo aparente puesto que al escucharla puede parecernos sencilla o fácil de interpretar, pero no lo es en absoluto. Es la época de las apariencias, y la música aquí se adapta al entorno en el cual se desarrolla. ¿Recuerdas el aria «La reina de la noche» de *La Flauta Mágica*, que has escuchado en el capítulo dedicado a la diferenciación de los timbres musicales? Parece muy fácil de cantar, pero exige una muy buena técnica para cantarla, especialmente en la parte de los agudos.

En la siguiente tabla de audición encontrarás algunos de los ejemplos representativos del sonido de la música de la época. Notarás diferencia con la música barroca por la ausencia del bajo continuo, que no se aplica, aunque suenen instrumentos graves. Notarás especialmente su ligereza, sin sobrecargas, y una clara línea melódica como centro de la composición. Encontrarás la audición de la obertura del *Orfeo ed Euriridice*, de Christoph Willibald Gluck, que transformó la ópera barroca, liberándola de toda artificiosidad y largas arias *da capo*. C. W. Gluck creo dicha ópera que influyó en compositores posteriores como es el caso de W. A. Mozart y generó, como en el caso de G. M. Artusi y C. Monteverdi, páginas y páginas escritas entre los detractores y los defensores de esta nueva manera de componer menos artificiosa.

Compositor	Obra
F. J. Haydn	*Simfonía 101. El reloj*
W. A. Mozart	*Piano sonata en Do m. K 545*
L. Boccherini	*Quinteto de cuerda Op. 13 núm. 5*. Minueto
L. V Beethoven	*Sonata para piano núm. 14. Claro de Luna*
C. W. Gluck	*Orfeo ed Euridice* (Overture)

Las óperas posteriores a l'*Orfeo* de C. W. Gluck, fueron desprendiéndose de esta artificiosidad barroca, de los laaaaaaaaaaaaaargos ornamentos realizados por los cantantes para demostrar su poderío, los grupos de semicorcheas tan empleados en voz, coros e instrumentos, dan paso a una clara melodía. Los argumentos empezaron a acercarse a la realidad, con historias más cercanas, combinadas también con las mitológicas, pero con personajes más humanizados. *Così fan tutti, Don Giovanni* o *Le nozze di Figaro*, de W. A. Mozart, son muy distintas musicalmente de las óperas de G. F. Haendel, de J. B. Lully o de A. Vivaldi en argumento, pero también en concepción estética. La música empleada ya es diferente y ello conlleva esos nuevos cambios que también se manifestarán en la música sacra escrita en el momento.

En el Clasicismo se incluye el movimiento conocido como *Empfindsamerstil*, que combina el dramatismo aplicado por Baldassare Gallupi y Niccolò Jommelli a la música vocal, con la música aristocrática de estilo francés. Se refiere a la expresión del sentimiento con un carácter íntimo y subjetivo que infunde una leve melancolía. Su máximo representante fue Carl Philipp Emanuel Bach. Vemos, pues, que no todo era la apariencia de una música más ligera, más alejada del barroco en este sentido, sino que había corrientes que incluyeron las emociones y los sentimientos en sus composiciones. En la siguiente tabla podrás escuchar un ejemplo de esta apertura a la expresión del sentimiento de una forma muy intimista en la época del Clasicismo. Se trata del segundo movimiento, el Adagio, de su *Trío sonata* Wq 147.

Compositor	Obra
C. P. E. Bach	*Trío sonata* Do M Wq 147 2º Mov. Adagio

Al final del Clasicismo, sucedió el movimiento que se conoce como *Sturm und Drang* ('Tormenta e ímpetu') que abrió nuevos caminos hacia lo que sería el Romanticismo. Este movimiento reintrodujo las fuertes disonancias, aplicó saltos entre notas muy distanciadas, texturas densas, frases irregulares, tonalidades menores, silencios abruptos, fuertes contrastes dinámicos entre forte y piano... Compositores como F. J. Haydn, W. A. Mozart, C. P. E. Bach o C. W. Gluck son algunos compositores que crearon parte de su obra en este estilo.

En la tabla te propongo que escuches algunos ejemplos de la música más representativa de dichos autores en este movimiento precursor del Romanticismo:

Compositor	Obra
F. J. Haydn	*Sinfonía 44. Trauer*
C. P. E. Bach	*Concierto para clavecín y orquesta H 448 / Wq 37*
W. A. Mozart	*Sinfonía 25*
C. W. Gluck	*Don Juan*

Asimismo, se produjeron una serie de cambios en la forma de componer de L.V. Beethoven, como la sustitución del movimiento del minueto en las sinfonías por el *scherzo*, que permitía más libertad compositiva, o el transgredir las normas y los moldes prestablecidos incluyendo un coro en su novena sinfonía, el *Himno a la Alegría*, inspirado en el poema homónimo de Friedrich von Schiller. Las innovaciones de L.V. Beethoven encaminaron a las generaciones posteriores hacia una manera de componer más libre, en la que la que se buscaba la máxima expresividad a través de la música.

Ejercicio	Comparar obras para ver evolución del compositor

Para que podamos comprobar su evolución, en la siguiente tabla de audición encontrarás una de las primeras sonatas para piano de L.V. Beethoven y la última que compuso. El trabajo consiste en escuchar un fragmento de una y la otra y ver si hay diferencias, es decir, si una suena más «moderna», hay más contrastes de volumen, sonoridades que puedan parecernos extrañas…

Compositor	Tema	Año
L. V. Beethoven	*Sonata para piano Op. 2 núm. 2*	1795
	Sonata para piano Op. 111 núm. 32	1822

Como vemos (más bien escuchamos), hay diferencia entre la música del Barroco y la del Clasicismo. En cambio, la del Romanticismo será una evolución de la música del Clasicismo, siguiendo la estela de las últimas obras de L.V. Beethoven y saliendo a un nuevo mundo por las puertas que abrieron tanto el *Empfindsamer Stil* como la *Sturm und Drang*.

¿Cómo puedo saber que estoy escuchando música del Romanticismo?

Hay libros de historia de la música que tratan las composiciones del Romanticismo como una evolución del Clasicismo y los consideran, a los dos, como un solo periodo. Hemos tratado el ejemplo de L. V. Beethoven, que empezó siguiendo las corrientes compositivas del Clasicismo, con las que evolucionó hasta abrir un nuevo abanico de posibilidades, como hemos visto, plantando la semilla de lo que se llamaría Romanticismo. En esta época se escribieron innumerables obras para piano, que era el instrumento estrella. Fue la época de los virtuosos de este instrumento, muchos de los cuales también fueron compositores, como Franz Liszt. Hubo también virtuosos de otros instrumentos musicales, como Nicolò Paganini en el violín.

Encontramos sinfonías y conciertos, suites de danzas y se genera una nueva línea compositiva, como los *lieder* (*lied* en singular), los caprichos, los poemas sinfónicos, las romanzas sin palabras, las polonesas, etc. En una audición, las piezas que llevan estos nombres, nos indican que, como mínimo, serán piezas del siglo XIX. Por ello cuando en un programa de concierto encontramos un lied de F. Schubert sabemos que se trata de música del Romanticismo por el título y por el autor, en cambio, si compramos un cd titulado *Los grandes lieder de la historia musical*, por ejemplo, sabremos que, como mínimo, las obras serán del siglo XIX, ya que este tipo de composición, con el concepto actual de lieder, y bajo ese nombre, no se compusieron en el Renacimiento ni en el Barroco.

Lied significa canción en alemán, normalmente con texto de algún poeta reconocido y en boga en la época de composición. ¿Significa esto que no existieran canciones con texto poético en el Renacimiento o en el Barroco? Evidentemente que existieron. Recuerda las canciones de John Dowland, Giulio Caccini o Claudio Monteverdi que las escuchamos en la parte de melodía acompañada en este libro. En la época de estos compositores, el acompañamiento era para instrumento de cuerda, como el laúd, por ejemplo, o por instrumentos que realizaran el bajo continuo, y no un piano como en el Romanticismo, con toda su parte escrita por el compositor e indicada totalmente en la partitura. En la práctica, la palabra *lied* sirve para clasificar las canciones con acompañamiento, generalmente el piano, compuestas en el siglo XIX, con temas de amor, desamor, pero también con temas relacionados con la naturaleza.

En la siguiente tabla de audición podrás escuchar algunos de los lieder más conocidos de la época. Puedes escucharlos varias veces y observar su estructura (A-B...) y si cumple con alguna de las formas simples (estrófico, binario, ternario...), o tomar nota de lo que te haya llamado la atención.

Compositor	Tema
Franz Schubert	*Erlkönig*
	Der Lindembaum
	Gretchen am Spinnrade
Robert Schumann	*Liederkreis Op. 24 núm 1*
Clara schumann	*Warum willst du and're fragen?*
Johannes Brahms	*Es steht ein' Lind'*

Puedes leer una traducción del texto (en Internet puedes encontrarlas) para entender qué es lo que nos están explicando los cantantes de estos lieder (lied en plural) y así entender el porqué de las matizaciones de intensidad y volumen, como el cambio de velocidad o *tempo*, así como las inflexiones, pausas... de la voz.

En el Romanticismo se compusieron también muchas danzas. Marchas, mazurcas, valses, polonesas, polcas, etc. son danzas típicas de esta época. Si escuchamos el Concierto de Año Nuevo de la Orquesta Filarmónica de Viena en vivo y en directo (si eres uno de los pocos afortunados) o en la retransmisión de radio o televisión, sabremos que la música que escucharemos será mayoritariamente del siglo XIX solo por el nombre de las danzas que se interpretarán.

En la tabla del siguiente ejercicio podrás escuchar un ejemplo de estas cinco danzas. La finalidad no es que las memorices, sino que trates de sentir su movimiento interior. Verás que hay unas que te harán mover de un lado a otro, como si oscilaras, como el vals, la mazurca o la polonesa. En cambio, puedes sentir que la marcha o la polca te guían el paso de caminar, a más o menos velocidad, esto ya depende del tempo de la danza, pero puedes marchar-caminar con ellas, ya que su compás es binario, es decir de dos tiempos. Podemos pensar Un-Dos, Un-Dos y, en casa, andar pasillo arriba y pasillo abajo. En el vals y en la mazurca, en cambio, nos desplazamos balanceando ahora a un lado, ahora al otro. Si probásemos a caminar al compás ternario (de tres tiempos) de la mazurca o del vals, notaríamos que nos es mucho más dificultoso, ya que contamos Un-Dos-Tres, Un-Dos-Tres…

Ejercicio	Sentir el compás

✓ En el siguiente ejercicio te propongo que te levantes, que pongas los altavoces a tope y que dejes que salga el bailarín que hay en ti. No tengas vergüenza. Siente el compás en tu interior y muévete al son de las siguientes danzas:

Compositor	Tema
Johann Strauss	*El Danubio azul*
	Marcha Radetzky
	Annen polka
Leo Delibes	*Coppélia Mazurca*
Piotr Il'yich Chaikovski	*Polonesa Eugene Onegin*

Sentirás que tu cuerpo te marca el tipo de compás, si es binario o ternario, al son de la música. Este ejercicio te ayudará a reconocer el tipo de danza que estás escuchando. Solo reconociendo el compás sabrás si se trata de una mazurca o un vals, por el movimiento que realizarás para marcar el compás ternario, o una marcha o una polca, si haces movimientos de dos tiempos como caminar.

La ópera era el centro de reunión social más importante, y en el Romanticismo se compusieron muchísimas. La música de Gioachino Rossini, Gaetano Donizetti, Vincenzo Bellini, Giuseppe Verdi o Giacomo Puccini llenaron los teatros italianos y europeos aportando bellísimas melodías que han perdurado hasta nuestros días. «Casta Diva», «La donna è mobile», «Nessun dorma», el brindis de *La Traviata*, el coro de esclavos de *Nabucco*, «Un bel dì vedremo», «Una furtiva lacrima» o «E lucevan le stelle» forman parte de nuestra cultura musical individual. Las hemos oído muchísimas veces, quizás centenares, en películas y muchas de ellas en anuncios publicitarios de coches y perfumes, por ejemplo.

	Ejercicio	**Identificación de estructuras**

Algunas de estas piezas tienen una estructura en las que podemos advertir que se repite la frase o estructura; pero hay piezas que son toda una línea melódica hasta el final. El cometido del siguiente ejercicio es saber si hay secciones grandes o estrofas que se repiten o, por el contrario, es todo un bloque indivisible hasta el final. De paso, estas audiciones nos servirán para identificar la voz de tenor y de soprano.

Compositor	Ópera	Tema	Estructura	Voz
G. Verdi	*Rigoletto*	La donna è mobile		
V. Bellini	*Norma*	Casta diva		
G. Donizetti	*L'elissir d'amore*	Una furtiva lagrima		
G. Verdi	*La traviatta*	Brindissi		
G. Puccini	*Tosca*	E lucevan le stelle		
G. Puccini	*Madama Buterfly*	Un bel dì vedremo		

No podemos hablar o escuchar la ópera del Romanticismo sin hablar de Richard Wagner y su idea de Arte Total. Wagner concebía la ópera como una expresión de arte en todo su conjunto: La música, el texto, la escenografía... debido a ello realizó una serie de modificaciones en el teatro de ópera, ocultando la orquesta, enfocando todos los asientos hacia el escenario, para que lo que sucedía, el drama que se representaba, fuera el único centro de atención y nada pudiera distraer la atención del espectador. Asimismo, explotó la idea de la melodía infinita, en la que la música se va encadenando creando arte continuamente, con la aplicación del acorde conocido como Tristán, que Wagner aplica para dar continuidad a la melodía. Un claro y bello ejemplo de melodía infinita lo tenemos con la pieza de la muerte de Isolda, de su ópera *Tristán e Isolda*.

Compositor	Ópera	Tema
R. Wagner	*Tristan und Isolde*	Isolde Liebestod

También es destacable el uso que hizo del *leit motiv*, un motivo o tema corto que el espectador u oyente asocia a algo, como puede ser un personaje, o un objeto como una espada o un elixir, incluso un pensamiento y que son importantes en la trama argumental. Wagner introduce estos pequeños fragmentos melódicos que recuerdan, pues, a ese momento, a ese personaje, objeto o suceso para que el espectador pueda recordarlo en el momento que se hace presente en la trama, ya sea físicamente, como en el pensamiento del personaje o con lo que sucede sobre el escenario.

Un ejemplo de estos *leit motiv* lo tenemos en el tema de la «Cabalgata de las valquirias», que en tantos anuncios publicitarios ha sonado:

Compositor	Ópera	Tema
R. Wagner	*Die Valküre*	Cabalgata de las valquirias

Mejor que escuches una versión de la ópera representada, en la que canten las valquirias para poder trabajar también el siguiente *Leit Motiv*:

Este *leit motiv* es el canto de llamada de las valquirias y es lo primero que se canta en la «Cabalgata de las valquirias».

Ejercicio	Reconocimiento de *leit motiv*

En este ejercicio te propongo que identifiques los dos *leit motiv* anteriores. Para ello debes memorizarlos y cantarlos interiormente. Una vez los hayas memorizado y puedas cantarlos interiormente (es muy importante), pasaremos a identificarlos en una pieza de ¡¡¡otra ópera de R. Wagner!!! «La valquiria» forma parte de la tetralogía *El anillo del Nibelungo*, y los *leit motiv* pasan de una ópera a otra en esta tetralogía. En este caso escucharemos la inmolación de Brunilda, una de las valquirias, en la ópera *El Ocaso de los dioses*, que forma parte de la tetralogía. Deberás tener tu oído preparado ya que deberás escuchar, en la música orquestal, el toque de la «Cabalgata de las valquirias» y la «Llamada de las valquirias» ¡Este último *leit motiv* pasa muy rápido! Poco antes de inmolarse. Es lógico que suenen estos dos pequeños fragmentos, ya que R. Wagner nos advierte o recuerda que quien está en escena en aquel momento tan crucial de la trama es una valquiria, y no una valquiria cualquiera. Es Brunilda.

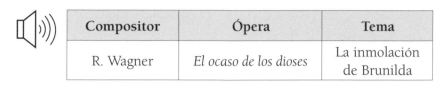

Compositor	Ópera	Tema
R. Wagner	*El ocaso de los dioses*	La inmolación de Brunilda

Ánimo, escúchala las veces que sea necesario. Merece la pena y verás cómo los encuentras. Recuerda que es importante haber memorizado el canto de las valquirias y la tocata de la cabalgata para poder hacer el ejercicio más fácilmente. Con ello trabajaremos el reconocimiento de dos *leit motiv*, pero, sobre todo, la memoria musical y el reconocimiento de pequeños fragmentos que habremos escuchado antes, es decir, trabajaremos plenamente la escucha consciente.

En la música del Romanticismo, como hemos visto en R. Wagner y en los compositores italianos de ópera, la melodía continúa siendo el centro de la composición, adquiriendo una dimensión desconocida hasta el momento. La Música Absoluta, con los Poemas Sinfónicos y las Romanzas sin Palabras, prescinde del texto cediendo paso a la imaginación del oyente con títulos le que sugieren lo que expone la música. Un tema como «El gondolero», en las *Romanzas sin palabras* de Felix Mendelssohn, en las que la música recuerda el vaivén de la góndola y al canto del gondolero, pero sin un texto que nos indique lo que sucede. Es nuestra imaginación la que va a desarrollarse al escuchar esas melodías.

Ejercicio	Escuchar y dejar libre la imaginación

✓ Para realizar el siguiente ejercicio, solamente te indico que debes imaginar que te encuentras en Venecia mientras escuches la siguiente audición. Todo lo demás corre a cargo de tu imaginación. Cierra los ojos y déjate llevar. Escúchala las veces que quieras. Es tu momento.

Compositor	Pieza
F. Mendelssohn	*Romanza sin Palabras, Op. 30. Núm 6*

¿Qué tal ha ido el viaje? ¡Espero que bien!!!

✓ Bueno, ahora nos toca trabajar. Te propongo que vuelvas a
  escuchar de nuevo esta pieza mirando un vídeo en el que
  se desplaza la partitura (You Tube) y observes la cantidad
  de indicaciones que acompañan a las notas: f, pp, dim.,
  cres.,   *Ped.,   Allegretto   tranquillo,   più,   >,   sfz,
  ⌢⌢⌢ ,   ◁———— ,   ————▷ , ... todo
  ello tiene un significado para el intérprete. Está todo indicado para que el músico lo reproduzca. Recuerda que, si
  no encuentras el vídeo, puedes acceder a la partitura en
  dominio público en IMSLP.org

La improvisación por parte del instrumentista desaparece. Ahora es
el compositor el que indica en la partitura el tipo de dinámicas que
quiere en cada momento, la velocidad aproximada o fija en la que se
debe tocar su música... al interprete le corresponde decidir qué grado
de forte o piano va a realizar, a qué velocidad hará el *cescendo* o el *diminuendo* de volumen, el tempo que tomará según signifique *Allegretto
tranquillo* para él y, por supuesto, la expresividad que mostrará en cada
fragmento, que no es poco. Es decir, el músico aportará su interpretación a partir de todas las indicaciones del compositor. Por el resto, su
capacidad creativa quedará coartada. El intérprete, si es solista, solamente podrá crear su música en las cadencias (finales de los movimientos) de algunos conciertos.

El Romanticismo es también la época de los -*ismos*: Positivismo,
exotismo, modernismo, expresionismo, verismo, nacionalismo... son
diferentes subgrupos que integran a la música del siglo XIX y principios
del XX. Hemos escuchado «Nessun dorma» de la ópera *Turandot* de
Puccini, o «Un bel dì vedremo», de *Madama Butterfly*, también de G.
Puccini. Ambas transcurren en los ambientes exóticos de China y Ja-
pón, respectivamente. Otro ejemplo operístico lo encontramos en la
Aida, de G. Verdi, que sucede en Egipto. Estas tres óperas podrían ser
una muestra del exotismo que impregna la música de estos años, así
como la inclusión de diferentes escalas en Debussy...

Pero si hay un -*ismo* por excelencia, este es el Nacionalismo, que
abarca tanto a músicos del siglo XIX como del XX. Lo encontramos en

las óperas de Wagner, pero también en las mazurcas y polonesas de Fryderyck Chopin, las *Rapsodias húngaras* de Franz Liszt, las *Escenas sobre cantos populares españoles* y las *Goyescas,* ambas de Enrique Granados, la suite *Iberia* de Isaac Albéniz, o *El amor brujo* y *Noches en los jardines de España,* de Manuel de Falla. En estas obras, los compositores aprovechan melodías de la música popular y tradicional, o se inspiran en ellas, para crear sus obras.

Compositor	Tema
F. Liszt	*Rapsodia húngara núm. 2*
F. Chopin	*Polonesa núm 6. Heroica.*
E. Granados	*Goyesca núm. 1. Los requiebros*
I. Albéniz	*Suite Iberia*

¿Cómo puedo saber que estoy escuchando música del siglo XX?

La música del siglo XX se caracteriza por su diversidad y cantidad de diferentes movimientos y estilos en todos los ámbitos.

En los ejercicios anteriores ya hemos escuchado a compositores del siglo XX como Giacomo Puccini o los nombrados en los nacionalismos, como E. Granados, I. Albéniz y M. de Falla. A lo largo del siglo XX, los -*ismos* han continuado y se han multiplicado y han convivido con la música jazz, el soul, el rythm & blues, el rock y la música pop.

Así tenemos el impresionismo, el atonalismo, el dodecafonismo, el neoromanticismo, el futurismo, el neoclasicismo, el serialismo, la música concreta, la música electroacústica, el minimalismo...

En la siguiente tabla de audición podrás escuchar a algunos de los representantes de estos -*ismos*, con el único objetivo de entrar en su sonoridad:

Compositor	Tema
Claude Debussy	*La mer*
Manuel de Falla	*La danza del fuego*
Arnold Schoemberg	*Concierto para piano Op. 42*
Igor Stravinsky	*Consagración de la Primavera*
Anton Webern	*Cinco movimientos para cuarteto de Cuerda. Op. 5*

Si hablamos del rock… tenemos muchíííííííííísimas variantes más: el folk rock, el rock fusión, el jazz rock fusión, el rock alternativo, el blues rock, el rock progresivo, el heavy metal, el trash metal, el punk, el glam rock, la new wave, el hardcore punk, el brit pop, el indie rock, el new romantic, el sinth pop, el speed metal, rock sinfónico etc… de los que escucharemos algunos ejemplos, no de todos, además de jazz y pop, en el siguiente capítulo.

6

CÓMO DIFERENCIAR LAS AGRUPACIONES MUSICALES AUDITIVAMENTE

En el transcurso de todo el libro hemos citado y escuchado diferentes tipos de agrupaciones musicales y en diferentes estilos. Hemos comprobado cómo la música suena diferente en las versiones de varios intérpretes, como las audiciones propuestas del tema «My Way», las de «Bizarre love triangle», las del «Himno a la alegría» o las de «Blowing in the wind», por ejemplo.

Cada una de las versiones de los diferentes temas era diversa de la otra. Algunas tenían menos elementos a diferenciar, como las de «My Way» o «Blowing in the wind», pero en otras cambiaba el tipo de formación, de voz e, incluso, de estilo, como en el caso del «Himno a la alegría» de L. V. Beethoven, con su versión original para coro, solistas y orquesta sinfónica, y la versión para banda de rock de Miguel Ríos, o las tres versiones en diferentes estilos de «Bizarre love triangle».

Vamos a recuperar la audición de «Bizarre love triangle» y trabajaremos sobre ella.

Pieza:	Bizarre love triangle
Versión:	New Order
	Frente!
	The Speaks

Puedes mirar la tabla de vaciado que has realizado en el capítulo de las texturas musicales con las anotaciones que indican y dan pistas sobre las características de cada versión (si canta un hombre o una mujer, tipos de instrumentos…) ya que trabajaremos puntos que diferencian las tres versiones y que tienen que ver con el tipo de grupo que las interpreta.

La versión original es del grupo New Order que se iniciaron en el post punk y posteriormente derivaron hacia el sinth pop, dentro del gran grupo del new wave. New Order emplean sintetizadores y efectos electrónicos en sus creaciones musicales con elementos y sonidos característicos de la música techno, y su «Bizarre love triangle» es una muestra del uso de estos instrumentos electrónicos.

Si la comparamos con la posterior versión acústica realizada por Frente!, veremos que en esta solo se emplea la guitarra para acompañar a la voz, en este caso femenina. En cambio, la versión de los The Speaks, mucho más rockera que las anteriores, es una muestra clara de cómo suena una banda de rock alternativo. Aquí tenemos una misma canción, con la misma letra, los mismos acordes y la misma melodía interpretada con tres estilos diferentes de la música actual.

El sonido y el ambiente que se crea en cada una de las tres versiones es diferente debido a la formación instrumental que la interpreta y nosotros, como oyentes, escogeríamos una versión u otra dependiendo del momento en que quisiéramos escucharla. Una más enérgica como la de los The Speaks, o la de New Order quizás la preferiríamos para bailar, saltar, desestresarse, realizar una actividad física como spinning… En cambio, la versión de Frente!, más intimista, la utilizaríamos en un ambiente que necesitara tranquilidad como una cena, estudiar… Estas tres buenísimas versiones de la canción «Bizarre love triangle» nos muestran cuán importante es el tipo de instrumentación que se aplica en cada canción o pieza musical, ya que le influyen un carácter determinado y específico a cada una de las versiones, haciendo que se adecúen a un momento u otro según nuestras necesidades.

Así pues, en este capítulo intentaremos distinguir auditivamente las principales agrupaciones instrumentales aun sabiendo que, aunque escojamos modelos estándar de cada plantilla, estas no son para nada cerradas y ni fijas, sino que las variaciones son múltiples, y en ello radica también la gracia. Con ello me refiero que veremos unas plantillas base, pero que con el trabajo que realizarás, más el trabajo previo realizado en el capítulo dedicado al timbre, a las texturas y a las formas musicales, tú mismo podrás encontrar, distinguir y saborear los instrumentos de cada grupo u orquesta que escuches.

Hemos hablado ya de algunas formaciones en los capítulos anteriores por lo que algunas ya las habremos escuchado en este libro, pero otras serán nuevas.

Hemos visto que las sonatas son interpretadas por dos o varios instrumentos y que algunas son escritas para un instrumento solo como las sonatas de J. S. Bach para violín y las de violoncelo, o las sonatas de Mozart para piano.

Las pequeñas formaciones que interpretan este tipo de música se conocen como grupos u orquestas de cámara. Hay plantillas fijas como los cuartetos de cuerda o los quintetos de viento, pero aun así estos pueden presentar algunas variaciones.

Te recomiendo que, siempre que puedas, asistas a un concierto de un cuarteto de cuerda. Es la mejor manera de aprender cómo suenan los instrumentos de cuerda frotada. Si puedes, y la sala es pequeña, ponte en la primera fila. Podrás escuchar y observar cómo funciona la música y tú mismo formarás parte de ella ya que podrás sentir las vibraciones de tu cuerpo junto a la de los instrumentos.

En la siguiente tabla de audición encontrarás un ejemplo de un cuarteto de cuerda y uno de quinteto de viento que, como te he comento anteriormente, son dos de las formaciones estándar de estas plantillas integradas por un número concreto de instrumentistas.

Obra	Compositor
Cuarteto Op. 33	Franz Joseph Haydn
Quinteto de viento en Mi b Mayor K589	Wolfgang Amadeus Mozart

La orquesta sinfónica ha ido variando su plantilla y formación a lo largo del tiempo. Al principio no tenía muchos integrantes y su número variaba dependiendo de los músicos que hubiera en la corte, en la ciudad o en los alrededores. Actualmente, los conciertos de música antigua en los que se interpreta música para orquesta, son realizados por agrupaciones con pocos integrantes, tal y como sucedía en la época. Normalmente, si son pocos, los violinistas tocan de pie y acostumbra a haber un clavicémbalo, aunque no siempre. Ya te he comentado que estas plantillas eran de lo más variado.

Con el paso del tiempo, el compositor y el músico dejaron de estar al servicio de nobles y burgueses para ser trabajadores independientes. Es el momento en los que el compositor ya marca la instrumentación necesaria para interpretar su obra. Estos cambios sucedieron a lo largo de mucho tiempo y se han conservado diferentes adaptaciones según las necesidades y la plantilla disponible.

Un ejemplo de ello serían las diferentes versiones que se conservan de *El Mesías* de G. F. Haendel realizadas por él mismo, en las que adapta la plantilla instrumental y los solistas según las necesidades y a la plantilla de intérpretes disponible. Tenemos pues versiones con cuatro o cinco solistas y que varían de soprano, contralto, tenor y bajo, que es la más habitual y es de 1742, a dos sopranos, contralto, tenor y bajo, la de 1754, y otra con soprano, contratenor, tenor y bajo, del año 1750. También se realizó una versión en la que un niño soprano cantaba la sección dedicada a la «Anunciación de los pastores», en la segunda parte.

Ejercicio:	Audición orquesta barroca

✓ En el siguiente ejercicio te propongo que escuches conscientemente el sonido de una orquesta historicista, por ejemplo: Le Concert des Nations, Europa Galante, The English Concert, Los músicos de su Alteza, Capella de Ministrers… y prestes atención a su sonido. Escucha varias interpretaciones diferentes, aunque a lo largo de las audiciones del libro ya lo hayas hecho, y fíjate cómo suenan los violines, si hay clavicémbalo, si tienen tiorba… quédate con su sonido.

Uno de los factores que generó el cambio en la formación de las orquestas fue la posición que tomó la música frente a la sociedad. W. A.

Mozart fue el primer compositor que rompió los lazos que lo sometían a un patrón, para pasar a ser el primer músico independiente. A partir de aquí, los compositores crearán (supuestamente) según sus gustos y por encargo, sin las exigencias que comportaría estar al servicio de alguien.

A partir de este momento, la plantilla de la orquesta se va convirtiendo, poco a poco, en una formación más o menos estable, manteniendo las pequeñas variaciones hasta la actualidad. Su sonoridad se irá compactando en el sentido que se tomará la orquesta como un solo instrumento capaz de realizar diferentes ambientes mediante el cambio de dinámicas, tempos y timbres que hacen que la música de orquesta tenga su color característico.

En la siguiente tabla de audición te propongo que escuches, si no enteras, estas tres sinfonías de características compositivas diferentes debido a su época de creación, pero con una sonoridad muy parecida debido a que son interpretadas por orquestas con una plantilla bastante similar. Cada una de ellas es un referente de la música de su época.

Obra	Compositor
Sinfonía núm 94 en Sol Mayor. La sorpresa	Franz Joseph Haydn
Sinfonía núm 6. Pastoral	Ludwig van Beethoven
Sinfonía núm 4. Romántica	Anton Bruckner

Observarás que la duración de las tres sinfonías es muy diferente. Las primeras sinfonías, las más antiguas, se referían a una pieza orquestal, por lo que el concepto difería del de la sinfonía actual. Un ejemplo es el nombre que emplea Claudio Monteverdi para la obertura de la tercera parte de su *Orfeo*, con tres o cuatro minutos de duración. Es en el Clasicismo que la estructura general de la sinfonía se va formando hacia la forma actual. Así, la sinfonía más corta de las tres es la sinfonía *La Sorpresa* de F. J. Haydn, con cuatro movimientos (partes), con unos veinticinco minutos de duración. La sinfonía *Pastoral* de L.V. Beethoven, con cinco movimientos, ya alcanza casi una hora, con cerca de cincuenta minutos, y la sinfonía *Romántica* de A. Bruckner sobrepasa la hora y cuarto con los cuatro movimientos que la componen.

Existen numerosos tipos de agrupaciones a parte de la orquesta sinfónica. Otra agrupación con un sonido característico es la banda. Su formación básica está formada por instrumentos de viento y de percusión, aunque pueden incluir instrumentos de cuerda como el contrabajo. Hay muchas composiciones dedicadas a las bandas de música como pasodobles, marchas, o la *Sinfonía 1* de *El Señor de Los Anillos*, de Johan de Meij. También realzan adaptaciones de obras orquestales, piezas de baile … Su sonido es muy compacto y brillante. Puedes escuchar las secciones de viento en las bandas sonoras de *Star Wars, Indiana Jones y Superman*, ambas de John Williams que, si bien están compuestas para orquesta, toda la sección de viento tiene el peso de las tres obras, de las cuales existen numerosas adaptaciones para banda.

En la siguiente tabla de audición, encontrarás indicadas estas cuatro bandas sonoras muy conocidas para que realices una audición fijándote en el sonido de la banda. Aunque las tres de John Williams están compuestas para orquesta, encontrarás innumerables grabaciones solo con banda. Prueba a identificar auditivamente algún instrumento como la flauta travesera, el trombón, la trompeta… Puedes utilizar el visionado de vídeo para ver qué instrumentos tocan en cada ocasión.

Pieza	Película	Compositor
Symphony 1	*The Lord of the Rings*	J. De Meij
Imperial March	*Star Wars*	J. Williams
Superman Theme	*Superman*	J. Williams
Indiana Theme	*Indiana Jones*	J. Williams

Otra agrupación más o menos estable es la big band de jazz swing, normalmente está compuesta por aproximadamente dieciséis músicos divididos en dos grupos. Tenemos la sección rítmica compuesta de contrabajo, piano, guitarra y batería, y la sección de viento, con trompetas, trombones y saxofones, aunque pueden incorporar al clarinete. En la sección de viento se interpretan las melodías originales con ruedas de improvisación sobre la base que interpreta la sección rítmica. Aunque esta sea la formación de una big band, las bandas de jazz tienen formaciones muy diversas en las que no puede faltar la sección rítmica, que es la encargada de marcar los compases y el tempo para que los demás instrumentistas y ellos mismos puedan realizar las improvisaciones.

Ejercicio:	Reconocer improvisaciones

✓ En el siguiente ejercicio que te propongo, escucharemos diversas versiones de la pieza «Sweet Georgia Brown», compuesta en 1925 por Ben Bernie y Maceo Pinkard y con letra de Kenneth Cassey. En la lista de intérpretes propuesta encontrarás grandes solistas que le han dedicado su imaginación y espontaneidad en las improvisaciones. Tu misión es escucharlas, o verlas, y prestar atención en la manera de interpretar de cada solista. Verás que cada uno de ellos aporta el máximo en el momento del solo. Lo ideal es que distingas el/los instrumentos que realizan los solos, pero también, una vez realizada esta audición más concentrada en la parte solística, te pido que centres toda tu atención a escuchar la base rítmica, cómo suena, cómo funciona, si puedes distinguir alguno de los instrumentos (piano, guitarra, contrabajo y batería)…

Pieza:	Sweet Georgia Brown
	Ella Fritzgerald
	Count Basie
Versión:	Stéphane Grappelli
	Benny Goodman
	Django Reinhardt

Poder ser capaz de separar lo que queremos escuchar requiere mucha concentración, especialmente cuando se trata de un tema tan conocido como este. Puedes continuar practicando la escucha de otras piezas que sean de tu agrado, aunque sean de las audiciones de este mismo libro con otro estilo y otra época. Puedes probarlo con las arias barrocas, por ejemplo. Escucha qué hace la orquesta en las dos secciones A, si varía su instrumentación, si toca notas diferentes, o es el solista el que realiza las variaciones, por ejemplo. Esta es solo una idea. Puedes escoger solamente música instrumental y concentrarte en una de las familias de instrumentos como los de viento o cuerda, o si distingues un instrumento muy claramente, puedes escuchar lo que toca este instrumento, pero también lo que hacen el resto respecto a él.

Las agrupaciones de las bandas de pop y rock son muy variadas, si bien es cierto que hay un conjunto «básico» compuesto por una o dos guitarras, un bajo eléctrico y una batería, esta base puede ser de lo más variada, con teclados, sintetizadores, instrumentos de viento como el saxofón o el trombón, efectos grabados en pistas de reproductores y actualmente en el ordenador…

Reconozco que no ha sido fácil hacer la siguiente tabla de audición. En ella encontrarás seis grupos con esta plantilla base, con una o dos guitarras. Sé que encontrarás a faltar a muchos grupos y ¡¡es bueno que así sea!!! Por eso hay tres líneas en blanco para que añadas tus aportaciones, pero solo de grupos que tengan esta plantilla básica. Los seis que encontrarás en la tabla son característicos por tener un estilo propio que los diferencia de los demás. Asimismo es una muestra que con los mismos instrumentos se puede hacer música muy diferente. (Alguno de estos grupos integran otros instrumentos, pero no aparecen en todos los temas de la formación, aunque alguno de sus miembros lo toque, como el piano o la armónica, por ejemplo.)

Tema	Grupo
Satisfaction	The Rolling Stones
Twist and shout	The Beatles
Serenade	Dover
With or without you	U2
Sweet child o'mine	Guns N'Roses
Come as you are	Nirvana
Vivir sin aire	Maná

No puedo dejar esta lista sin pensar en otros grandes grupos que integran otros instrumentos en la plantilla de forma estable. Algunos de ellos estamos acostumbrados a escucharlos en determinados estilos o tipos de música, pero se acoplan perfectamente en una banda de rock y pop. El piano, el violín, la flauta travesera, el saxofón, los sintetizadores, son instrumentos que forman parte importante de varios grupos y que les aportan un color característico y propio que les diferencian de los demás. Al igual que en la tabla anterior, he puesto unas filas para que puedas completarla con aquellos grupos que encuentres a faltar y que integren otros instrumentos de forma estable aparte de la guitarra, el bajo y la batería.

Tema	Grupo
Don't stop me now	Queen
True	Spandau Ballet
Molinos de viento	Mägo de Oz
Viva la vida	Coldplay

Estoy seguro que has encontrado a faltar muchos grupos, pero, so-bre todo, a cantantes. En la siguiente tabla, al igual que las anteriores, encontrarás un breve listado de grandes intérpretes para que lo comple-tes con aquellos que creas que faltan y que te gusten. Deberás pensar en una de sus canciones y apuntarla.

Tema	Intérprete
Beat it	Michael Jackson
Un beso y una flor	Nino Bravo
Rolling in the deep	Adele
Dancing in the dark	Bruce Springsteen
Like a virgin	Madonna
Yo no soy esa	Mari Trini
La camisa negra	Juanes
Halo	Beyonce
No woman no cry	Bob Marley

Bien, ha llegado el momento de poner en práctica todo lo que he-mos trabajado en este libro. Para ello deberás escoger ocho de los temas propuestos en las tres últimas tablas, procurando escoger tanto de tus propuestas como de las mías, para rellenar la siguiente tabla de vaciado de los temas. He puesto un ejemplo para que te sea de ayuda.

Esta es una tabla básica que te servirá para cualquier tipo de música, puesto que todas las piezas tienen frases, aunque sea solo una, están todas interpretadas por algún instrumento o voz y pueden tener una de las formas que hemos visto, aunque, como habrás visto a lo largo del libro, todo es relativo y nada es fijo al 100%.

Prueba de llenar la tabla con diez piezas de otras audiciones propuestas, de diferentes épocas, estilos, formas... Para empezar, busca las que te sean fáciles, en las que veas clara la textura, la estructura de las frases, reconozcas los instrumentos... Adelante. No tengas miedo. Si has llegado hasta aquí, has trabajado muchas audiciones diferentes y tienes un oído acostumbrado a escuchar con atención, de forma activa, diferentes aspectos. Busca si ornamentan al repetir cuando cantan, es muy usual. Si no hay cantante y es una pieza instrumental la que estás escuchando también habrá alguna ornamentación en la parte que repiten.

Escucha. Trabaja. Disfruta. Es tu momento.

Grupo/ Cantante	Tema	Voz	Instrumentos que reconozco	Textura
Beyonce	Halo	Femenina	Piano, batería y sintetizadores	Melodía acompañada

Estructura	Forma	Estilo	Ornamentaciones
A-B-A-B-B	Binaria + B	Pop	Sí. En la voz de la segunda estrofa (A)

EPÍLOGO

Si has llegado hasta aquí es buena señal, muy buena señal. Significa que, como mínimo, has trabajado las más de 240 audiciones propuestas en las tablas, sin contar todas las que se nombran a lo largo de este libro. Has hecho un largo camino con el que espero hayas disfrutado, recordado y descubierto.

Se ha acabado decir y pensar aquello que expongo en la introducción: «es que yo no entiendo de música; no me gusta porque…no sé… no tengo ni idea… no he estudiado música…» ahora podrás decir me gusta o no me gusta esta música o esta otra. No te preocupará conocer músicas nuevas que no hemos explorado en este libro, ya que, como te he comentado otras veces, los ejercicios son extrapolables a cualquier tipo de música. Y lo mejor de todo, has trabajado profundamente tu oído musical y esto te permitirá formar tu propio criterio en cualquier ámbito en el que la música esté presente.

No solamente has trabajado tu oído, también tu memoria musical. Has escuchado muchas piezas y estoy seguro que las has cantado interiormente después de escucharlas varias veces. Otras quizás sean nuevas, pero si alguna vez las vuelves a escuchar, las recordarás, ya que has realizado una escucha activa, es decir consciente de lo que estaba sucediendo, y las has interiorizado.

Ahora solo nos queda abrir nuestra mente y nuestros oídos para que no nos viciemos con lo que hemos escuchado. Te explico una cosa que a mí me sucede a menudo y que intento cambiar siempre que puedo, aunque me cueste. Verás, cuando he escuchado muchas veces una canción o una pieza musical en el cd de casa o en la radio, me cuesta mucho que me guste una versión de esta canción cuando voy a conciertos de rock, pop, o de música antigua, por ejemplo. Para mí siempre es mejor la versión grabada... y no siempre debería ser así. Me sucede incluso cuando escucho en directo a mis grupos favoritos, de los que tengo su cd. Entonces me pierdo lo que es la música en directo y lo que aportan cada uno de los intérpretes, ya que mis oídos están cerrados a nuevas modificaciones, y esto no debería ser así en absoluto, ya que la música no es un arte inerte ni inmutable, sino que está viva y es cambiante.

La música es fantástica, ¿verdad? La escuchamos en la más absoluta intimidad y nos vaciamos con ella y nos llenamos de ella, pero también la escuchamos en compañía y compartimos nuestras emociones. La música nos hace reír, sentir, recordar, nos acompaña, nos relaja, nos entristece, nos apalanca, incluso nos ayuda a dormir. Siempre está ahí, depende de nosotros y de nuestro estado de ánimo que cada vez que escuchamos la misma música, la sintamos de manera diferente, ya que nosotros nunca somos los mismos. Estamos vivos como la música.

Así que escuchemos, disfrutemos, lloremos y cantemos música. Ella siempre está en ti, en tu interior. Siéntela. Vívela.

GLOSARIO

Acorde: Cuando dos o más notas suenan juntas al mismo tiempo. Pueden sonar todas de forma simultánea o una detrás de otra.

Acorde desplegado: Es un acorde disuelto, en el que las notas que lo dormán suenan seguidas detrás de la otra

Acorde plagal: Cuando todas las notas del acorde suenan de forma simultánea.

Aria: Pieza cantada, especialmente en la ópera. Son características las arias de forma ternaria o de tres partes tipo A-B-A, A-B-B y A-B-C.

Atonal: Es la música compuesta sin tonalidad. En el siglo XX surgieron diversas maneras de componer música sin tonalidad o atonal.

Bajo continuo: Técnica musical característica del Barroco, en la que el compositor escribía solamente las notas de la línea del instrumento bajo y algunas cifras numéricas para que el o los intérpretes de los instrumentos graves pudieran improvisar. Los instrumentos que tocan el bajo continuo son el clavicémbalo o clave, el órgano, el laúd, el arpa, la tiorba, la viola de gamba o el violonchelo.

Bajón: Es similar al fagot, pero de tamaño más reducido. Había diversas medidas, como el bajoncillo, que era el más pequeño.

Cadencia: Es el nombre que recibe el final de una frase musical. Es frecuente que las cadencias o finales de los conciertos para solista, sea este quien improvise e interprete una cadencia de su propia creación.

Canon: Es una pieza musical a dos o más voces en la que todas las voces imitan la melodía de manera estricta que realiza la primera voz, pero van entrando de forma paulatina. Así tenemos que empieza la voz uno, después entra la dos, a esta le sigue la tres… así hasta que están sonando todas a la vez de manera que la primera es repetida por la segunda, y esta, a su vez, es repetida por la tercera.

Chanson: Término francés con el que se designan las canciones polifónicas francesas de la Baja Edad Media y del Renacimiento.

Cilio: Es una célula que tiene un apéndice. Los humanos tenemos cilios en el órgano de Corti, que al ser excitados transforman el movimiento en impulsos eléctricos que llegan al cerebro a través del nervio auditivo y, en el cerebro, se genera lo que nosotros conocemos como sonido.

Contrafacta: Es cuando se cambia el texto de una melodía por un texto diferente al original.

Contrapunto: Es la combinación de diversas líneas musicales que suenan a la vez.

Disonancia: Es el sonido que producen dos notas seguidas en la escala musical, por ejemplo un Do y un Re, al sonar al mismo tiempo. Según la música tonal, se crea un sonido que resulta «molesto» al oído y que debe resolverse con una consonancia agradable.

Folía: Danza de ritmo ternario en la que una melodía de ocho tiempos va repitiéndose mediante la variación de su acompañamiento o de la misma melodía, ya con la adición de notas y ritmos, variando el tempo, el ritmo, etc.

Fuga: Es una forma musical muy empleada en el Barroco en el que encontramos una frase, que se conoce como sujeto, y que es interpretada por una voz al principio de la pieza. Esta frase es la primera que interpretar a cada una de las voces siguientes al entrar a tocar, e irá apareciendo durante la interpretación en el resto de las voces. En la fuga hay otros elementos característicos y formales.

Homofonía: Es una composición en la que todas las voces siguen el mismo ritmo.

Interludio: Es un fragmento musical que une dos partes o secciones.

Leitmotiv: Es un pequeño motivo musical o pequeña melodía a la que se le asigna un significado. Así cuando el oyente lo escucha recuerda una situación, unas palabras, un hecho, una persona o un objeto. Uno de los compositores que explotó este recurso fue Richard Wagner en sus óperas.

Lied/Lieder: Significa canción/canciones en alemán. Se aplica a aquellas canciones compuestas sobre un texto poético y acompañadas generalmente por un piano. Fueron muy habituales en el siglo XIX, con compositores como Franz Schubert.

Madrigal: Música italiana para una o más voces con texto basado en poemas e interpretado en los siglos XVI y XVII. Claudio Monteverdi, Cipriano di Rore o Adrian Willaert son algunos de sus exponentes.

Messa di voce: Es un recurso expresivo muy utilizado en el Barroco en el que se canta o toca una nota larga con un volumen suave al principio y que, de forma progresiva, va aumentando el volumen para disminuirlo al final de la nota.

Modal: Se aplica a la música que no emplea la tonalidad si no los modos gregorianos, es decir las escalas que marcaban las distancias entre las notas en la Edad Media y Renacimiento.

Monodia: Es cuando todos los cantantes cantan la misma melodía a una voz. Un ejemplo muy característico lo tenemos en el canto gregoriano.

Motete: Pieza musical a varias voces (polifónica) en a que l texto es de tema religioso, pero que no forma parte ni del Oficio ni de la Misa.

Motivo: Es un pequeño fragmento musical.

Oratorio: Término musical que habitualmente se aplica a aquellas composiciones que en tiempo de Cuaresma sustituían a las óperas. Su argumento generalmente pertenecía al Antiguo Testamento. No eran representados, si no que se realizaban en forma concierto.

Polifonía: Es cuando suenan dos o más voces diferentes. Se diferencia de la monodia en el hecho que cada línea sigue su ritmo y su línea melódica de forma independiente de las demás.

Rondó: Forma musical en la que hay una frase o parte musical recurrente que aparece después de otra completamente diferente a las demás. Su estructura suele ser: A-B-A-C-A-D-A...

Sacabuche: Instrumento de viento metal, parecido al trombón de varas y muy empleado tanto en el Renacimiento como en el Barroco.

Semitono: Es la distancia más corta entre dos notas en la música tonal occidental. En la escala de Do Mayor, encontramos un semitono entre el Mi-Fa y Si-Do'.

Tonal: Dícese música tonal aquella que está compuesta en base a las escalas mayores y menores de la música occidental.

Tono: Es la distancia entre dos notas equivalente a la suma de dos semitonos en la música tonal occidental. En la escala de Do Mayor, los encontramos entre Do-Re, Re-Mi, Fa-Sol, Sol-La y La-Si.

BIBLIOGRAFÍA

Aguilar, Maria del Carmen, *Aprender a escuchar música*. Madrid, Antonio Machado Libros, 2002.

Atlas, Allan W., *La Música de Renacimiento*, Tres Cantos, Ediciones Akal, 2002.

Bukofzer, Manfred, *La música en la época barroca. De Monteverdi a Bach.* Madrid, Alianza Editorial, 2004.

Burkholder, Peter J.; Grout, Donald J., Palisca, Claude V., *Historia de la Música Occidental*. Madrid, Alianza Editorial, 2008.

Calderón, Diego (Coord.), *Expressió musical a primària*, Barcelona, Publicacions i Edicions de la Universitat de Barcelona, 2014.

Cazurra, Anna, *Introducció a la música: de l'antiguitat als nostres dies.* Barcelona, Quaderns Crema, 2001.

Cook, Nicholas, *De Madonna al canto gregoriano.* Madrid, Alianza Editorial, 2006.

Cooper, Grosvenor; Meyer, Leonard B., *Estructura rítmica de la música.* Barcelona, Idea Books, 2000.

Copland, Aaron, *Cómo escuchar la música.* México D. F., Fondo de Cultura Económica, 1994.

Day, Timothy, *Un siglo de música grabada.* Madrid, Alianza Editorial. 2002.

Dahlhaus, Carl; Eggebrecht, Hans Heinrich, ¿Qué es la música?. Barcelona, Acantilado, 2012.

Dart, Thurston, *La interpretación de la Música*. Madrid, Antonio Machado Libros, 2002.

Downs, Philip, *La Música Clásica*, Tres Cantos, Ediciones Akal, 1998.

Denizeau, Gérard, *Los géneros musicales. Una visión diferente de la historia de la música*. Barcelona, Robinbook Ediciones, 2002.

Forney, Kristine; Machlis, Joseph, *Disfrutar de la música*. Tres Cantos, Ediciones Akal, 2011.

Fubini, Enrico, *La estética musical desde la Antigüedad hasta el siglo XX*. Madrid, Alianza Editorial, 2005.

Furtwängler, Wilhem, *Conversaciones sobre música*. Barcelona Acantilado, 2011.

Garbini, Luigi, *Breve historia de la Música Sacra*. Madrid, Editorial Alianza, 2009.

Goldáraz Gainza, Javier, Afinación y temperamentos históricos. Madrid, Alianza Editorial, 2004.

Hill, John W., *La Música Barroca*. Tres Cantos, Ediciones Akal, 2008.

Hoppin, Richard H., *La Música Medieval*. Tres Cantos, Ediciones Akal, 2000.

Károlyi, Ottó, *Introducció a la Música*. Madrid, Alianza Editorial, 1986.

Kühn, Clemens, *Tratado de la Forma Musical*. Cornellà de Llobregat, Idea Books, 2003.

Lawson, Colin; Stowell, Robin, *La interpretación histórica de la música*, Madrid, Alianza Editorial, 2005.

López Cano, Rubén, *Música y retórica en el Barroco*. Barcelona, Amalgama Edicions, 2011.

López Poy, Manuel, *Rockabilly. Historia, cultura, artistas y álbumes fundamentales*. Teià. Ediciones RobinBook. 2015.

Martí, Joan Maria, *Ser músico y disfrutar de la vida*. Teià, Ediciones RobinBook, 2014.

Martin, Denis-Constant, *El Góspel Afroamericano. De los espirituales al rap religioso.* Tres Cantos, Ediciones Akal, 2001.

Meyer, Leonard B., *La emoción y el significado de la música.* Madrid, Alianza Música, 2005.

Morgan, Robert P., *La música del siglo XX.* Tres Cantos, Ediciones Akal, 1999.

Pierce, John R., *Los sonidos de la Música.* Barcelona, Editorial Labor, 1985.

Plantiga, Leon, *La Música Romántica.* Torrejón de Ardoz, Ediciones Akal, 1999.

Rink, John (Ed.), *La interpretación musical.* Madrid, Alianza Editorial, 2006.

Rosen, Charles, *El estilo clásico. Haydn, Mozart, Beethoven.* Madrid, Alianza Editorial, 2009.

Rowell, Lewis, *Introducción a la filosofía de la música. Antecedentes históricos y problemas estéticos.* Barcelona, editrial Gedisa, 2005.

Schonberg, Harold C., *Los grandes compositores.* Teià, Eediciones Robinbook, 2007.

Stravinsky, Igor, *Poètica musical.* Girona, Accent Editorial. 2008.

Valls Gorina, Manuel, *Per comprendre la música.* Edicions Destino, 1986.

Todas las audiciones contenidas en este libro puede usted escucharlas a través del siguiente enlace:

http://bit.ly/oidomusical

En la misma colección:

CÓMO POTENCIAR LA INTELIGENCIA DE LOS NIÑOS CON LA MÚSICA

Joan M. Martí

La música estimula las capacidades de ambos hemisferios en el cerebro, potenciando globalmente las habilidades de los niños a través del aprendizaje musical. Es, por tanto, una herramienta transversal para el aprendizaje de todo tipo de materias. Está demostrado que hay una relación directa entre una temprana educación musical y el crecimiento cognitivo de materias como las matemáticas, los idiomas o las ciencias naturales. La inteligencia musical puede manifestarse desde muy temprano, tan sólo es necesario que padres y educadores apoyen el interés musical de los niños de una manera cálida, afectuosa y amable. Este libro ofrece una serie de recursos prácticos para desarrollar en el aula o en casa con el fin de mejorar la educación de los niños en cualquier ámbito.

SER MÚSICO Y DISFRUTAR DE LA VIDA

Joan M. Martí

La música expresa sentimientos, circunstancias, pensamientos o ideas. El arte de las musas es un noble estímulo que hace que la gente baile, cante, escuche con atención o se emocione profundamente. Quien se encarga de transmitir todas estas sensaciones es el músico y este libro trata sobre todo aquello que envuelve su vida: su relación con el profesor, con su familia, con su pareja y también con su instrumento. ¿Cómo vive una actuación un músico? ¿Disfruta, se agobia, la padece? ¿Qué actitud debe tener un músico con sus maestros? ¿Cómo es la relación con su pareja? ¿Qué significa ser músico en nuestra sociedad?

APRENDIZAJE MUSICAL PARA NIÑOS

Joan M. Martí

Este es un libro que complementa el anterior del mismo autor *Cómo potenciar la inteligencia de los niños con la música,* que se ha convertido en poco tiempo en un referente ineludible a la hora de hablar de aprendizaje musical. Este nuevo trabajo del musicólogo Joan Maria Martí muestra las características esenciales de los principales métodos de enseñanza de la música mostrando las ventajas pedagógicas de cada uno de ellos.

¿En qué consiste el trabajo de Kodály? ¿Qué aporta el método Martenot a la educación y desarrollo de los jóvenes? ¿Dónde puedo informarme del método Ireneu Segarra? ¿Cuáles son las ideas de Edgar Willems? ¿Qué beneficios aporta el Jaques-Dalcroze? ¿Qué es la Educación del Talento de Shinichi Suzuki?